한국 태권도연구사의 검토

A REVIEW OF THE HISTORY OF
RESEARCH ON TAEKWONDO IN KOREA

무예의 역사는 아시아권 국가들의 체육사 연구에 있어 중요한 원천을 제시하고 있다. 근래 무예의 기원과 관련된 역사적 관점 등의 이슈는 국내, 중국, 북한 대만 등의 동북아시아 국가들의 체육사 연구에 참여 기울 중요한 관심사 중의 하나이다. 그 가운데 우수의 전통적이라고 알려져 있는 태권도 역시 그 오랜 시간을 통하여도 다양한 의식과이라 관점으로 각 고의 간에 연구 발전되어 왔다. 이에 따르면 동양의 무도를 동서느니게 해석하고 태권도 역시의 전통성도 착취지가 하게 그러나 되었으나, 이 책은 한일주의의 고향주의와 배타성과 논쟁과 대립 속에 역사된 태권도 학사 연구의 과정을 얻어나는 데 좋은 내비를 가루었다. 이러한 기도는 나일을 위수와 문제의 논쟁 이러한 가운데 비판적인 시각과 논리성에 대한 이끄러가 하시한 몇가되 발전적이라고 자동과 나타나라. 누리의 학구이다.

한국 태권도연구사의 검토

허진석 · 김방출

글누림

무예의 역사는 아시아권 국가들의 체육사 연구에 있어 중요한 위치를 차지하고 있다. 특히 무예의 기원과 관련된 역사적 정통성의 이슈는 한국, 중국, 일본, 대만 등의 동북아시아 국가들의 체육사 연구에 있어 가장 중요한 관심사 중의 하나이다. 전 세계에 한국의 전통무예로 잘 알려져 있는 태권도 역시 그것의 기원을 둘러싸고 다양한 의견 대립과 논쟁들이 약 20여 년에 걸쳐 진행되어 왔다. 이에 이러한 논쟁의 구도를 올바르게 직시하고 태권도 역사의 정통성을 확립하기 위한 노력이 필요하다.

이 책은 전통주의와 수정주의를 비교하고 논쟁과 대립 속에 전개된 태권도 역사 연구의 과정을 짚어보는 데 많은 노력을 기울였다. 이러한 시도는 다양한 이슈와 문제점 등을 직시하는 가운데 태권도의 기원과 정체성에 대한 역사적 인식을 보다 더 발전적이고도 새롭게 다지려는 노력의 일부이다. 이러한 집필 목적에 충실하기 위해 전통주의와 수정주의의 요체를 소개하고 일치하지 않는 견해를 대조하며 살폈다. 두 입장이 지니는 정당성과 모순에 대해서도 객관적으로 접근해보고자 하였다.

우리 태권도 역사 연구의 흐름과 함께하려는 노력 위에 적어나간 이 책은 특정한 결론으로 독자를 유도하거나 섣불리 옳고 그름을 가름하려는 데 목적을 두지 않았다. 오히려 다양한 지적 성찰만이 허락할 수 있는 지식의 가능성에 주목하였다. 따라서 자연스런 지적 궁금증의 행로를 걸을 수밖에 없었으며 글자와 글자 사이, 줄과 줄 사이에 풍요롭게 펼쳐진 사유와 상상의 공간 속으로 독자를 초대하고 있다.

모름지기 역사란 한두 가지 결정요인만으로 도도한 물길을 열 수 없는 심오한 세계이기에 매 순간 겸허하고 삼가는 마음으로 주제를 통찰하고자 하였다. 그러니 시원스런 공감보다는 새로운 궁금증을 씨앗으로 삼아 독자의 내면에서 싹틀 수 있기를 희망한다. 이 책이 모쪼록 우리 태권도사 연구의 한 귀퉁이에서 누룩이거나 겨자씨와 같은 역할을 할 수 있다면 더할 나위 없는 기쁨과 보람일 것이다.

이 책이 출판되기까지 몇 분의 도움이 있었다. 특히 태권도의 역사와 철학에 대한 통찰과 더불어 아낌없는 조언을 해주신 이창후 박사께 깊이 절한다. 여러모로 부족한 원고가 세상의 빛을 볼 수 있도록 격려를 아끼지 않음은 물론 하나부터 열까지 헤아려 어리석음을 면하게 해준 글누림의 이대현·최종숙 대표와 이태곤 이사, 안혜진 디자이너, 그리고 문선희 과장께 깊이 감사드린다.

2019년 2월

김방출

CONTENTS

태권도사의
이해

　　　　　　　　　태권도의 역사를 올바르게 이해하기 위
해서는 역사의 기본 개념을 정확히 알고, 태권도사 연구에 적용해야 한다.
태권도사에 대해서는 많은 이질적인 여러 가지 설들이 충돌하는 현상이
보인다. 충돌하는 이설(異說)들 가운데는 국기원의 공식적인 역사관과 일
치하지 않는 주장도 포함되어 있다. 이러한 상황은 긍정적인 면과 부정적
인 면을 함께 안고 있다. 태권도를 이해하는 다채로운 안목과 관점은 연구
영역의 확대와 다양한 접근을 가능하게 한다는 점에서 긍정적으로 볼 수
도 있다. 반면 역사에 대한 기본적인 이해가 빈곤하거나, 역사 연구를 단지
과거의 일들을 그대로 기억하거나 1차 자료들을 찾아내 기계적으로 재구
성하는 행위로 이해하는 데서 나온 오해도 적지 않다.

　　역사란 무엇인가? 일반적으로 역사는 과거에 일어난 사실, 과거 사실에

대한 기록이며 학문분야의 하나로서 역사학을 의미한다.(임희완, 1995) 태권도사 역시 이 틀에 맞추어 살펴볼 수 있다. 역사 연구의 과정은 끊임없는 선택의 과정이기도 하다. 어떤 것은 수집되어 기록으로 남아 전하고 어떤 것은 무시된다. 수집하고 기록하는 행위 자체가 선택을 의미한다. 이 선택을 가능하게 하고 정당성을 부여하는 것은 역사인식이다. 어떤 사건은 중요하고 어떤 사건은 중요하지 않다고 판단하거나 어떤 사건을 기록으로 남기고 어떤 사건은 무시하거나 폐기하는 행위는 명백히 역사인식에 기초한다. 역사인식과 역사관의 거리는 멀지 않다.

독일의 역사가 레오폴트 폰 랑케는 엄밀한 사료 비판을 통한 객관주의 역사학을 주창해 '근대 역사학의 아버지'로 불린다. 그는 역사학의 목적이 과거의 사실을 있는 그대로 기술하는 데 있으며, 역사는 하나의 목적을 향해 나아가는 과정이 아니라 모든 시대가 나름의 독자적인 가치를 지닌다고 주장했다.[1] 영국의 정치학자이자 역사학자로서 혁명적인 역사 진보의 개념을 확립했다는 평가를 받는 에드워드 핼릿 카는 역사란 현재와 과거의 지속적인 대화라고 갈파하였다.(Gerald Leinwand, 1986) 17세기 이래 대두된 철학 사상, 자연 과학, 정치 사회적 관념이 서로 결합하여 자연적 인과의 일체 속에서 세계를 인식하려고 노력하는 유물변증법적 역사관이나 근대 이전의 왕조사에 준거한 순환론적 역사관, 기독교 이론에 준거한 결정론적 역사관도 거론할 수 있다. 대체로 역사관은 역사가 개인을 둘러싸고 있는 현재의 환경에서 나온다. 태권도사의 경우는 동일한 역사적 사실을 놓고 해석에 있어 근본적인 입장 차이를 보여 논쟁으로 확산할 만한 단

---

1 『세계사와 함께 보는 타임라인 한국사4』, 다산북스

초가 불분명하거나 충분히 심화되었다고 보기 어렵다. 그럼에도 역사를 보는 인식의 차이는 부분적으로 태권도 연구에서 몇 가지 대치점을 형성하는 경우도 있다. 우리는 앞으로 이 부분도 짚어볼 것이다.

태권도사를 '문화사'로서 바라보아야 한다는 주장은 상당히 설득력이 있다. 역사에 대한 이해는 특정한 시기에 영향력을 강하게 발휘한 인물을 중심으로 이루어지는 경우가 빈번하다. 역사적 사건은 왕이나 장군, 재상과 같은 인물의 결정에 따라 전개돼 나간다는 식이다. 역사가 자연스럽게 정치사로 전개될 수밖에 없는 이유가 여기에 있다. 그러나 현대의 문화사는 위인들의 행위, 국가 원수나 국가의 행위, 전투와 평화조약 등에 집중하는 궁정의 역사기술의 관습과 단절함으로써, 정치사를 특별히 취급하는 것을 청산하고, 사건의 역사를 한 시대의 '인륜성'이나 보편적인 정신과의 연관성 속에서 서술하고 있다.(Böhme 외, 2000) 태권도사 역시 예외일 수 없다. '수정주의 태권도사'에 대한 비판은 위와 같은 관점에서 볼 때 일정 부분 정당성을 주장할 수도 있다. 비판 그룹은 정치사 중심의 역사관이 태권도사를 기술하거나 이해하는 데 적절하지 않다고 주장한다. '태권도 정치사'를 '태권도의 역사'와 등가로 볼 수 없다는 입장이다. 이들은 태권도사는 태권도 인물사가 아닌 태권도의 변천과정에 초점을 맞춘 역사여야 한다고 강조한다. 미술사나 음악사, 혹은 문학사와 같이 태권도라는 문화요소 그 자체의 변천을 이해하고 해석하는 역사여야 한다는 것이다.

이 주장을 좀 더 깊이 들여다보면 다음과 같다. 문화사는 언어, 예술, 문학, 학문, 도덕 등과 같은 문화의 여러 측면들을 역사적으로 서술하면서 문화의 가치를 밝히는 일이고 이것은 곧 역사의 총체적 모습을 형성하려는 작업이다. 이때의 문화사는 정치적인 영역에 대립하는 것으로서만 취급되는 것은 아니지만 동시에 기존의 정치사 중심의 역사와 구별된다는 점 (Böhme 외, 2000)은 분명하다. 물론 태권도라는 문화에 대해서도 마찬가지이다. 이러한 주장에는 역사를 추동하는 주요한 요인 중의 일부인 인물과 그들의 기능을 적출한 문화사적 접근이 어떻게 가능한지 사례와 더불어 정교한 이론을 제시할 것을 요구받을 수밖에 없다. 현실적으로 수정주의에 대한 거부감 내지 혐오가 이 요구를 수용하거나 포괄하는 데 주목하고 있다고 보기는 어렵다. 수정주의 비판자들은 태권도가 택견과 시간적으로 근접해 있고, 특징적으로 매우 유사함에도 불구하고 이 유사성을 단지 경기규칙에 의한 우연적 산물로 해석하고, 양자를 단절시키려 노력해왔다고 받아들인다. 전통주의와 수정주의의 논쟁은 다음 장에서 좀 더 깊이 있게 들여다보겠다.

전통주의와
수정주의

　　태권도사관(跆拳道史觀)을 개념으로서 이해하는 데는 2011년에 이경명이 정리한 『태권도 용어정보사전』이 도움을 줄 수 있다.[2] 이경명은 '태권도의 역사를 보는 관점'을 태권도의 사관이라 정리한 다음 태권도사(跆拳道史)는 사관에 따라 서술 방식이 달라진다고 적었다. 태권도를 바라보는 역사가의 관점에 따라 태권도사가 기술될 것이나 어느 관점이 옳다고 할 수는 없다고 유보적인 태도를 보인다. 그는 사관과 역사의 평가는 구분해야 한다고 요구하면서 그 이유로 역사에는 수많은 사람들의 문화 행위와 이해관계가 엇갈려 있기 때문에 객관적인 평가가 불가능함을 든다. 사관을 두 가지로 분류하되 '전통주의 태권도사'와

2　이경명(2011)

'사실주의 태권도사'로 구분하였다.

이경명은 '전통적인 기원설'로도 불리는 전통주의 태권도사의 바탕에 '민족주의(民族主義) 사관'이 작동하고 있음을 적시하였다. 그가 보기에 민족주의 사관의 목적은 '제국주의에 대한 강렬한 저항의식과 함께 민족의식을 고취시켜, 민족의 우월성을 강조하는' 것이다. 이러한 서술 태도는 태권도가 1970년대에 세계화를 진행하면서 필요로 한 주장을 담고 있다. 바로 '한국의 고유한 전통무예로서의 태권도'이다. 그러니 태권도는 고대에 발생하여 오늘날까지 전승된 순수한 전통무예라는 사실이 강조되며 이 주장을 통하여 태권도는 정통성을 담보할 수 있다. 그런데 이러한 태권도 역사 기술 태도는 안용규의 언술에 의하여 유보되는데, 예를 들면 "태권도사에 관한 전통주의적 입장은 역사적인 근거를 바탕으로 하여 이루어진 것이라기보다는 태권도의 사회, 문화적 의미규정에 대한 요구에 대응한 측면이 강하였다"는 부분이다.(안용규, 2006) 이경명은 "민족적인 자부심이 지나치게 강조되어 진실을 왜곡할 가능성"을 함께 지적하는데, "역사를 왜곡할 가능성이 크다"는 명징한 주장을 통해서이다. 그가 사실주의 태권도사를 다룰 때에 주목할 만한 서술태도가 편린처럼 드러난다. '사실주의(수정주의) 태권도사'라는 표기로써 사실주의를 수정주의에 우선하는 개념으로 암시 또는 이해하고 있는 것이다. 이 역사서술 방식은 '실증주의(實證主義) 사관'에 기초했다고 주장하지만 매우 격렬한 논쟁의 불씨를 숨기고 있다. 태권도의 정통성에 도전한다고 간주해도 무방해 보이는 이 주장의 실체는 태권도가 확립하는 과정에서 가라테라는 외부 요인의 영향을 받았거나 가라테를 기초로 해서 구성된 무예라는 것이다. 이경명은 광복 이후 한국에 도입된 "가라테가 태권도 발생의 계기로 작용되었다는 사실을 기초로 하고 있다"고 개념을 설명하였다. 그런데 이러한 주장은 사실을 둘러싼 학술적 견해차로 인한 충돌 외에 민족감정이 작동하여 매우 휘발성이 강하고 극단적인 분쟁으로 치닫기 쉽다. 이경명도 이 사실을 충분히 인지하고 있다. 그래서 "실증주의 사관은 문헌을 통해 객관적이면서 과학적으로 역사를 탐구하는 것이 목표"임을 전제처럼 내세웠다. 또한 "실증주의 사관에 따른 태권도사의 서술은 태권도의 전통성에 흠집으로 여겨질 수 있는 주장(일본 가라테에 영향을 받은 태권도)이 포함되어 있으므로 제도권에서 인정하지 않고 있다"는 현실을 기록하였다. 그는 이와 같은 논쟁의 해결 방식으로 "은폐하고 왜곡하기보다는 있는 사실을 정확히 파악하고, 잘못된 것과 잘못 이해된 것을 바로 잡는 노력"을 요구한다. 그의 태권도사관은 사실주의에 기운 듯하거니와 "태권도가 가라테의 영향을 받았다는 사실"을 인정해야 한다는 주장을 한다. 그러나 그는 안전장치로서 "태권도는 청출어람의 무예"라는 다독임으로 분쟁을 최소화하려는 태도를 보여준다. 그가 보기에 태권도는 가라테로부터 "기술체계, 승급심사, 형의 제정, 수련 도구 등 많은 영향을 받"은 무술이다. 품새도 그러하다. 그러나 발기술 위주의 체계화, 실전 형식의 겨루기 등은 "한국인의 몸짓인 태권도만의 고유한 것이었다."[3]

지금까지 살펴본 대로 사관(史觀) 문제에 있어 가장 시선을 모으는 대치점은 이른바 '전통주의'와 '수정주의'의 논쟁이다.[4] 이 책은 전통주의를 태

---

3   태권도진흥재단(2006), 『태권도 역사·정신에 관한 연구』

4   사실주의 태권도사를 수정주의로 지칭하는 데서 주장의 방향성이 감지된다. 명백히 비판적이며 이단에 대한 경계를 포함하고 있다고 보아도 무리가 아니다. 따라서 용어 채택은 이 책을 서술하는 데 있어 숙고할 요소의 하나였다. 여기서는 김방출의 견해를 무겁게 받아들여 두 번째 명칭을 사용

권도 공인기관 및 여러 태권도인들이 표방하는 태도로서 태권도가 한국의 전통무예에서 현대적으로 발전되었다고 이해하는 입장으로 본다. 또한 수정주의는 1990년 이후 도전적인 학자들의 주장에 의해서 제기된, 태권도가 가라테의 한국적 발전에 의해 형성되었다는 입장으로 본다. 전통주의 태권도사관의 발생과정을 살필 때, 여러 주장들을 1970년대 이전, 1971~1990년, 1991~현재까지의 세 단계로 나누어볼 수 있다. 1970년대 이전은 태권도 역사에 대한 관심이 본격화되고 동시에 구체화되던 시기이며, 1971년부터 1990년까지, 즉 1970년대와 1980년대는 태권도 역사에 대한 연구가 태권도인들뿐만이 아니라 한국 사회 전체로 확산된 시기다. 1990년대 이후 현재까지는 수정주의의 등장과 함께 태권도사가 논쟁을 통하여 지적 토대를 강화하면서 학문으로서 성숙해가는 시기이다.

최홍희는 1970년 이전에 태권도의 역사에 관심을 기울인 최초의 인물로 간주된다.[5] 그는 '태권도(跆拳道)'라는 명칭의 창시자로 알려진 전 국제

한다. 다만 이 책에서는 균형을 확보하기 위한 시도로서 몇 가지 제한이나 지적 담보와 유보가 교행한다는 사실을 밝혀 둔다.

5 최홍희는 태권도사에서 존재감이 뚜렷한 역사적 인물이다. 1950~60년대 태권도의 발전과 보급에 결정적인 역할을 한 인물로 보아도 무리가 아니기 때문이다. 함경북도 길주 태생인 최홍희(1918~2002)는 일본 주오(中央)대학을 다니던 당시 가라테를 익혔다. 1954년에는 당수도 수련관인 오도관을 창설하였다. 군대 내 태권도 보급 활동을 지속하던 그는 1959년 3월 국군태권도 시범단의 단장으로 우종림, 한차교를 비롯한 19명과 베트남과 대만에서 첫 태권도 시범을 보였다. 1959년 9월 3일 대한태권도협회 초대 회장에 되었으나 그 이듬해 4·19 학생운동이 일어나 대한체육회로부터 인정을 받지 못하고 협회가 해산됐다. 그 이후 1965년 1월부터 1년간 3대 대한태수도협회(현 대한태권도협회)장을 지냈다. 재임 기간 중 공적은 두 가지로서, 하나는 같은 해 8월 5일 태수도에서 '태권도'로, 즉 대한태권도협회로 개명하였고, 다른 하나는 「태권도 구·아사절단」(1965. 10) 이라는 이름으로 한차교, 김중근, 박종수, 권재화 등 4명을 단원과 함께 1개월간 독일, 이집트, 터키, 말레이시아, 싱가포르 등 5개국에서 모두 12회에 걸쳐 시범을 통해 태권도의 위력을 알렸다. 1966년 3월 22

태권도연맹총재다. 최홍희는 태권도를 다음과 같이 설명하였다.

"태권도란 무엇인가? 간단히 말해서 이는 수세기 동안 동양의 여러 나라에서 숭상해 오던 무예인데, 오늘날 우리나라에 의하여 완전한 무도로서의 체계와 면모를 갖추었다."(최홍희, 1966)

최홍희 이전의 태권도인들은 태권도를 단지 개인 활동의 하나로 이해했을 뿐, 태권도에 결부된 사회적·문화적 가치에는 관심이 없었다고 할 수 있다. 최홍희는 이러한 가치에 선구적으로 관심을 기울였으며, 그가 태권도사에 관심을 기울이게 된 이유도 여기에 있다고 추측한다.

이선근은 사계의 권위자로서 태권도 역사에 관심을 가진 이다. 그는 『주간조선』 1968년 11월 3일 자에 「남대양주까지 뻗은 고려인삼과 태권도」라는 글을 기고하면서 현재까지 태권도사의 골격을 이루는 중요한 가설들을 제시하였다. 이선근은 이 글에서 고구려 환도성 각저총의 벽화에 나타난 수박의 겨루기 자세를 태권도의 원형으로 설명하고 있고, 일본의 가라테와 유

일 국제태권도연맹(ITF)을 서울에서 창설하였다. 1972년 캐나다로 이주한 이후에도 연맹 총재로 태권도 보급 활동을 지속하다 2002년 6월 북한에서 사망하였다. 그는 대외적인 활동 이외에도 1959년 첫 저서 『태권도교본(跆拳道教本)』을 저술하였다. (『태권도 용어정보사전』, 태권도문화연구소) 최홍희는 1955년 당수도, 공수도, 권법 등 다양한 이름으로 불리던 전통 격투기를 하나로 묶어 '태권도'란 명칭을 처음 사용했고, 브리태니커 백과사전과 기네스북에 태권도의 창시자로 올라있다. 그는 이후 말레이시아 대사와 제3대 대한태권도협회장을 지내다 '동백림사건' 등 각종 정치적 사안에 태권도인이 연루되며 72년 캐나다로 망명했다. 이후 여러 차례 북한을 방문, 80년대 북한에 태권도를 보급하는 데 결정적인 역할을 했다. 최홍희는 북한에서의 활동으로 남한에서 친북 인사로 분류되었다. 그가 만든 국제태권도연맹(ITF)은 1972년 이민하면서 본부를 캐나다로 옮겼다가 1990년부터는 빈에 사무국을 두고 있다. 1973년 한국에서 만든 세계태권도연맹(WTF)과 대립하며 북한을 중심으로 한 공산권 국가에 태권도를 전파해왔다. 국제태권도연맹(ITF)은 북한을 중심으로 10차례의 세계선수권 등 많은 국제대회를 개최해왔으나 남한의 세계태권도연맹(WTF)이 국제올림픽위원회(IOC)로부터 공식 국제기구로 인정받는 등 WTF의 활동으로 인해 활동이 위축되었다. (『시사상식사전』, 박문각)

술은 우리나라에서 건너간 것이라고 설명하고 있으며, 최홍희가 택견의 특징인 발의 기술과 수박의 장점인 손의 기술을 토대로 삼아 현대적이고 과학적인 한국 전통무예 태권도를 만들었다고 주장하고 있다.[6] "고구려 제10대 산상왕 당시에 만들어진 환도성 각저총의 벽화가 보여주는 수박의 대련자세를 보아도 오늘의 태권도의 원형임을 짐작케 하고도 남는다"는 이선근의 주장 방식은 논쟁을 불렀고 비판받기도 했지만 이창후(2003), 김산호(2011), 김영만·김용범(2011) 등의 연구를 통해서 학술적으로 뒷받침되고 있다. 또한 이원국도 유사한 내용으로 태권도의 기원을 서술하였다. 그는 최초의 기간도장으로 알려진 청도관의 창시자다.

> "태권의 기원이 언제부터인지는 명확히 단정할 수 없으나 인류(人類)의 발생 당초부터 자기 보호를 위한 수단으로 적수공권에 의한 방어와 공격법이 무기를 갖고 싸우기 전부터 존재했었으리라는 것을 우리는 인류역사를 통해 능히 짐작할 수 있다. 그러나 그렇다고 해서 처음부터 태권으로서의 형식을 갖추었다고는 볼수 없다. 오랜 세월을 통해 인류가 외적으로부터의 공격을 방어하는 경험을 쌓는 동안 자연 보신(保身)의 필요성을 깨닫게 되었으며 인류의 지능이 발달함에 따라 여기에 연구를 거듭해서 조직적인 호신기술(護身技術)의 방식을 안출, 이것이 차츰 태권으로서 체계화되고 발달을 보게 된 것이다."(이원국, 1969)

최홍희, 이선근, 이원국 등은 태권도의 기원을 무예 일반 또는 한국에서

---

6 이선근, "남대양주까지 뻗은 고려인삼과 태권도",『주간조선』 1968년 11월 3일 자, 26쪽.

유래한 도수 무예의 기원에서 찾고 있다. 싸움의 방식이 체계화되어 무예가 되었고, 그것이 우리나라에서 보다 세련된 형식으로 발달한 것이 태권도라는 것이다. 이후에 출간된 책자들에서는 이 과정을 더욱 상세하게 다루고 있다. 이러한 입장은 조완묵(1971), 이종우(1973), 정찬모 등에 의해서 지속적으로 뒷받침되었다.

조완묵(1971)은 원시인의 체육활동에서 태권도의 원형을 탐구하고, 이미 삼국시대에 태권도가 체계화되어 심신 단련 또는 무예 수련의 방법으로 행해졌다고 주장했다. 또한 4세기 중반의 것으로 추정되는 고구려시대의 고분 무용총의 벽화에 나타난 겨루기 장면을 태권도 겨루기로 규정하고, 우리나라의 태권도가 중국의 소림권보다 앞선다고 기술하고 있다.[7] 이종우(1973) 역시 고구려시대의 고분 각저총과 무용총 벽화에 나타난 동작을 태권도의 원형으로 규정하였다.

정찬모(1976)는 이전의 태권도사를 망라하면서 각종 그림과 벽화, 조각 등의 사진을 제시하여 태권도가 한국에서 독자적으로 발전한 무예임을 입

---

7 조완묵(1971), 54~64쪽. 중국 양쯔강 이남에서 번성한 무술법을 남방무술(남권)이라 하고, 양쯔강 이북 황하유역에서 성행한 무술을 북방무술(장권)이라 한다. 소림권법(少林拳法)은 남권의 대표적인 문파로서 외가권(外家拳)에 속한다. 외가권은 기술단련이나 동작이 강하므로 강권이라 하며 수련 목적은 주로 근육 강화다. 장권의 대표적인 분파는 내가권(內家拳)에 속하는 태극권(太極拳)이다. 소림권법은 달마 조사가 소림사에 온 뒤 무기력한 승려들을 수련시키기 위해 창안한 18나한수(十八羅漢手) 권법이 바탕이 되었다고 한다. 소림사는 중국 허난성 덩펑현의 숭산에 있는 절이다. 한편 2007년 11월 중국 허난성 안양사범대학의 마아이민(馬愛民) 교수는 소림권법의 기원에 대한 보고서를 발표했다. 마 교수는 달마는 무승(武僧)이 아니었으며, 소림권법의 창시자는 소림사 2대 주지 초우라고 주장했다. 초우는 소년 시절부터 무술을 연마해 서른세 살 때인 북위 선무제 10년(512년)에 소림사 최초의 무승이 되었는데, 그가 주지가 된 뒤 소림사의 승려들은 본격적으로 무예를 단련했고, 그럼으로써 오늘날의 소림권법이 발전했다는 것이다.

증하기 위해 노력하였다. 정찬모에 따르면 태권도는 우리나라에서 원시시대에 발생하여 삼국시대에 이르기까지 꾸준히 발전하면서 체계화되었다. 그 명칭은 삼국시대와 고려시대, 조선 초기에 이르기까지 수박이었다가 조선시대 중기에 이르러 권법으로 바뀌었고 구한말에 이르러 택견으로 다시 바뀌었으며 광복 이후 태권도가 되어 오늘에 이르렀다는 것이다.

정찬모의 작업 이후에도 새로운 태권도교본과 태권도사 관련 논문들이 많이 발표되었다. 이 논문들의 주제는 앞서 서술한 내용과 크게 다르지 않다. 이들의 성과는 한국 태권도계에 정설로 받아들여졌다. 1992년 초판이 발행된 『국기 태권도교본』은 그 내용을 집약하고 있다. 하지만 태권도 역사에 대한 전통주의적 태도는 1990년대 들어 본격적인 도전에 직면하게 되었다. 전통주의적 주장과 시각을 달리하는 주장을 수정주의적 입장으로 명명하기도 한다.

양진방(1986)은 태권도 기원의 실마리를 가라테(당수 또는 공수)의 유입에서 찾는 입장이다.[8] 그의 시각에 따르면 태권도의 출발점은 고대 또는 중세 한국인들의 무예활동이 아니다. 광복을 전후해서 일본에서 유입된 가라테가 태권도의 골격을 형성했다는 주장이다. 가라테 유입이 태권도사의 출발점이 되어야 한다는 그의 학문적 태도는 가라테 유입 이전의 태권도사는 '한국무예사'로 보아야 한다는 주장에서 다시 확인된다. 김용옥(1990)은 양진방과 거의 같은 주장을 했고, 송형석(2005) 등도 그 내용을 반복하였다.

수정주의의 입장에서 중요한 논점을 요약하면 다음과 같다. 우선 태권도란 1955년 이전에는 존재하지 않은 단어로서, 최홍희가 이승만에게 정

---

8 당수(唐手) 또는 공수(空手).

치적으로 아부하기 위하여 만든 무예명칭이다. 그 이전에는 사람들이 가라테를 무술로 배웠다. 태권도인들은 태권도사를 연구하는 데 민족주의를 내세워 가라테 유입 사실을 부정하거나 무시하였다. 그렇지만 가라테의 유입은 태권도의 발전에 결정적으로 중요한 영향을 미친 사건으로 다루어져야 한다.

이런 수정주의 입장은 매우 학문적이고 객관적인 입장을 견지하는 듯한 인상을 준다. 예를 들어 "현재의 태권도가 수박, 권법, 택견으로 전승되어 왔다고 주장하려면 수박과 권법, 권법과 택견, 택견과 태권도간에 기술적 연관성 또는 인적 연관성이 존재하고 있음을 구체적인 사료를 통해 실증하거나 논증할 수 있어야만 한다"는 지적은 반박하기가 매우 어렵다. 하지만 이들 역시 매우 중요한 문제점을 노정하고 있다는 반박과 저항에 직면하게 된다. 주요한 이유는 이들도 그들이 주장하는 실증주의적 관점과 방법론을 관철하는 데 어려움을 노정하였다는 것이다. 일반적으로 역사를 연구하는 표준적 연구방식을 지키지 못한다는 비판도 있다. 이들이 20년여 시간이 흐르는 동안 동일한 자료 몇 개에 근거하여 동일한 논증을 되풀이하며 추가적인 역사 연구나 논증으로 발전하지 못하고 있다는 것이다. 일본무예나 중국무술에 대한 이해도 부족하다는 의견이 있다. 정근표(2002)는 수정주의자들의 입장은 순수히 학문적인 태도보다 정치적인 의도를 가지고 있다고 의심받기에 충분하다고 보았다. 일관적인 논리를 유지하지 못하며, 내용은 제자리걸음을 반복하고 있다는 주장이다. 전통주의적 입장을 고수하는 연구자들은 그들의 연구가 일본사, 오키나와사, 고대 한국사 및 동양 3국의 무예사를 포괄하는 광범위한 영역에서 이루어지고 있다고 자부하는데, 그 중에는 가라테가 한반도에서 전승되었다는 주장도 있다.

전통주의와 수정주의의
핵심 주장과 논쟁

　　　　　　전통주의와 수정주의의 핵심 주장과 근
거들을 살펴보자. 전통주의의 주장은 태권도가 고대로부터 전승된 한국의
전통무예라는 것이다. 많은 태권도교본들이 태권도의 역사적 기원을 삼국
시대로 간주한다. 고구려 무용총 벽화나 금강역사상과 같은 삼국시대의
유물들에서 한민족의 무예를 확인할 수 있고, 근거가 충분하지는 못하지
만 태권도와의 연관성을 짐작할 수 있다고 한다. 그리고 이 무예는 고려시
대의 수박을 거쳐서 조선시대의 택견으로 이어졌다가 현대의 태권도로 발
전했다는 것이 전통주의적 입장의 태권도사관이다. 수정주의의 주장은 전
통주의의 태권도사관에 사실성이 부족하고 역사적 의미가 없으며 고립적
이고 폐쇄적이며 내용이 추상적이라는 것이다. 수정주의자들은 태권도가
일제강점기에 일본에서 유학하며 가라테를 배운 초기 사범들에 의해 광복

후에 발전된 무예라고 본다. 이들의 주장에 따르면 택견의 기술들은 광복 이후 태권도의 발전에 거의 영향을 미치지 못하였다. 다만 태권도가 경기화되면서 발기술에 더 많은 득점을 주는 경기규칙으로 인해서 현대 태권도의 모습이 택견과 유사하게 변하였다는 것이다.

수정주의는 전통주의적 태권도사 인식에 대한 비판으로 시작되었다. 핵심 쟁점은 크게 네 가지다. 첫째는 조선 시대 이전 태권도 역사(기원)에 관련된 쟁점, 둘째는 광복 직후 태권도의 발전과 관련된 쟁점, 셋째는 1960년대 태권도의 발전과 변화와 관련된 쟁점, 넷째는 현대 태권도나 태권도 역사 전체와 관련된 쟁점이다.

수정주의자들은 조선시대 이전의 태권도사가 역사적 기술에 사실성이 부족하고 역사적 의미가 없으며 고립적이고 폐쇄적이며 내용이 추상적이라고 비판하면서 사실(史實)로 받아들이지 않는다. 광복 직후 태권도의 발전과 관련해서 양진방은 1945년에서 1959년까지를 가라테의 유입으로부터 태권도로 전환하는 단계로 보고, 1945년 광복과 함께 귀국한 일본 유학생들 중 일본에서 가라테를 익힌 이들에 의해서 서울을 중심으로 보급이 시작되었다고 주장한다.(양진방, 1986) 김용옥도 비슷한 주장을 한다. 즉 ▶ 현대 태권도의 모체가 되는 관(館)의 형성은 모두 광복 이후의 사건으로서 ▶대개 귀국한 일본 유학생들이 주도하였으며 ▶근대 무술의 모체가 된 5파가 모두 그들이 배운 무술을 기존의 체육시설을 이용하여 가르치기 시작한데서 비롯한다는 것이다.(김용옥, 1990) 이런 주장은 제1세대 태권도 지도자들을 모두 가라테를 수련한 인물들로 못 박고 있다. 이들의 주장에 따르면 광복 직후 태권도의 모습에서 택견과의 유사성은 찾을 수가 없다. 오히려 가라테와의 유사성이 더 많이 보인다. 수정주의자들은 황기나 최홍희 등이 저술한 태권도교본에서 저자들이 전통무술인 택견을 계승하여 태권도를 발전시켰음을 밝히면서도 이들의 기술체계 속에 택견의 기술이나 기술용어가 보이지 않는다고 비판한다. 이들의 기술체계와 이론은 당시 일본 가라테의 내용과 큰 차이 없고(양진방, 1986) 특히 품새[型]에서 가라테와 일치함을 찾을 수 있다는 것이다.(양진방, 1986·김용옥, 1990) 오늘날 태권도가 택견과 매우 유사하고 가라테와는 다른 이유를 수정주의자들은 태권도의 경기화에서 찾는다. 태권도와 택견의 유사성은 우연의 산물로, 태권도가 경기화하면서 기술의 중심이 손기술에서 발기술(차기)로 이동한 결과라는 것이다. 이들이 보기에 태권도가 경기 종목으로서 발전하는 과정에서 전통 택견을 계승하거나 수용코자 하는 의식적인 노력은 발견할 수 없으니 경기 태권도와 택견이 보이는 동질성은 우연의 일치로 볼 수밖에 없다.(양진방, 1986) 이런 맥락에서 김용옥은 "경기 태권의 출현은 가라테의 택견화라는 역사적 과정을 택견의 가라테를 통한 내재적 발전으로까지 해석할 수 있는 새로운 국면을 던졌고, 이러한 추세는 앞으로 오키나와테의 단절된 어떤 새로운 무술의 창출을 가능케 할 것이다"라고 하였다.(김용옥, 1990)

수정주의자들의 주장은 1990년을 전후로 태권도 역사 논쟁에 불을 붙였다. 양진방(1986)과 김용옥(1990), 이용복(1990)이 수정주의 입장에서 연구 결과를 내놓은 대표적인 학자다. 강원식·이경명(1999)과 배영상·송형석·이규형(2002) 등은 이들의 입장을 옹호하는 후속 저작들을 생산한 인물들이다. 태권도가 택견의 역사적 전통을 이은 무예라는 전통주의의 입장에 선 학자들이 반론을 제시하면서 논쟁은 수위를 높였다. 최영렬·전정우는 태권도사관의 정립을 논하면서 역사의 거시적 흐름을 외면하고 단순한 기술변화를 중심으로 태권도사관을 정립하려는 태도는 사관으로서의 기본 여건을 결여하고 있다고 주장했다.(최영렬·전정우, 1997) 신창화는 가라테 유입론을 주장하는 사람들의 주장 의도를 정치적인 맥락에서 해석하고 있으며(신창화, 2005) 정근표는 텍스트(text)적 분석 개념을 도입해 비슷한 주장을 제기하고 있다.(정근표, 2002)[9] 이창후는 이런 입장을 종합하고 체계화 했다.(이창후, 2003)

전통주의자들은 독특성 논변, 동일성 논변, 지속성 논변의 형식으로 태권도가 택견의 전통을 계승했다고 주장한다. 태권도와 택견이 다른 무술과 쉽게 구별되는 독특한 특징을 가진 무술이면서 양자가 동일하고, 또 지속적으로 이어져 왔다는 주장이다. 이들은 택견이 지속적으로 발전하는 과정에서 태권도가 생겨났다는 지속성 논변에 상대적으로 많은 논의를 할당한다. 논의의 상당 부분을 선행 연구들[10]에 의존하고 있다는 점에서 이 주장은 유사한 입장을 취하는 여러 주장들을 체계화한 모습을 보여주고 있다. 이러한 전통주의의 주장에 대한 반론은 송형석(2008) 등에 의하여 제기되었다.[11]

한편, 미디어에서도 태권도사관과 관련한 논쟁을 지속적으로 주시해 오고 있다. 태권도가 한국을 대표하는 올림픽 메달 종목 가운데 하나인 점, 종주국으로서의 지위를 행사하고 있는 점에서 결코 간과하기 어려운 담론

---

9 이들의 주장은 논리적인 반박과 정치적 맥락에서의 반박을 포함하고 있다.

10 특히 정근표(2002)와 최영렬·전정우(1997) 등의 연구.

11 강원식과 이경명의 저작(강원식, 이경명, 2002)이나 배영상 외 두 명의 저작(배영상 외 2명, 2002) 등도 예로 들 수 있다. 이들은 수정주의를 표방하되 이전에 발표된 전통주 논문의 비판에 대해 반박하고 있지 않다.

의 제공처임에 틀림없다. 무예관련 미디어에서 활동하는 서성원은 태권도의 사관을 대략 세 가지로 분류하면서 패러다임의 전환을 촉구하는 주목할 만한 칼럼을 남겼다. 그는 이 칼럼에서 '태권도 문화주의'를 제창하되 태권도가 무예나 스포츠이기 전에 문화이므로 '살아 있는 생명체'로서 변화하고 변용하는 과정에서 주변 문화와 영향을 주고받을 수밖에 없음을 지적한다. 그가 보기에 태권도는 "중국 무술, 일본 가라테와 서로 영향을 주고받았든 간에 한국인에 의해 한국의 토양과 환경에 맞게 창조적으로 변용되고 만들어졌다면 한국 무술"이다. 그러므로 서로 다른 문화의 상호 작용을 인정하는 토대 위에서 연구가 이루어져야 한다는 것이다.[12]

---

12 2016년 4월 4일 자 무카스, '태권도 문화주의 사관을 提唱(제창)함.' 서성원은 태권도사관을 (1) 태권도는 고대로부터 전승된 한국의 전통무예라고 하는 전통주의 사관 (2)1945년 광복을 전후로 일본 가라테의 영향을 받아 발생한 신생무술이라고 주장하는 사실(수정)주의 사관 (3)가라테의 영향을 일부 받았지만 한국의 맨손 무예를 전승한 전통무술이라고 하는 신전통주의 사관 등으로 나누었다. 송형석은 전통주의 사관을 '제도권'이라고 지적한 학자다. 양진방은 전통주의 태권도사에 대한 비판을 공론화했다.(「태권도 역사 연구의 새로운 방향성 모색을 위한 논의」, 『용인대학교 무도연구지』제8집 제2호) 이창후는 이 주장을 "광복 이전의 한국 역사를 대한민국 역사로 보지 말자는 말과 같다"면서 "단절론의 가장 극단적인 형태"라고 비판했다.

고조선의

무예

　　　　　　　　한국 무예에 관한 문헌적 기록은 고조
선 이전의 역사서를 기록한 계연수(桂延壽)의 『환단고기(桓檀古記)』나 북애
노인(北崖老人)의 『규원사화(揆園史話)』에 나타나는데, 이로 미루어 일찍이
민족무예가 있었음을 알 수 있다.(김산호, 2011) 그러나 민족무예의 구체적
인 실상을 알 수 있는 자료는 매우 부족하다. 남아 전하는 자료도 사료로서
가치를 짚어봐야 할 구석이 많다.[13]

13　『환단고기』는 일제강점기 초기에 계연수(桂延壽)가 편찬했다는 한국 상고사를 서술한 역사책이
다. 『삼성기(三聖紀)』·『단군세기(檀君世紀)』·『북부여기(北夫餘紀)』·『태백일사(太白逸史)』 등을 하나로
묶었다고 한다. 이 책을 어떠한 관점에서 수용하는가에 따라 한국고대사에 대한 인식은 현저한 차이
가 나게 된다. 즉 이 책의 사료로서의 가치를 검토하는 일이 필요해지는데, 이에 대한 시각은 그 내
용을 수용하는 태도와 비판적 태도, 예컨대 위서(僞書)로 간주하는 견해로 나누어진다. (『한국민족문화
대백과』, 한국학중앙연구원) 비판적 수용자들은 ▶『환단고기』의 기초가 된 문헌들이 전혀 발견되지 않
고 ▶15세기 이전에 썼다는 문헌들에서 19세기 이후에야 사용된 지명이나 근대적 표현들이 나오는

고대 무예와 태권도를 역사적으로 연관 짓는 일은 어려움을 수반한다. 대체로 두 가지 입장에서 접근 가능한 문제인데 첫째는 그것이 '한국무예

등의 문제를 지적한다. 이런 점에서 『환단고기』는 『규원사화(揆園史話)』 등의 문헌과 일제강점기 이후 대종교와 단학회 등에 전해지던 전승들을 기초로 1950년대 이후에 작성된 위서(僞書)로 본다. 또한 설령 수록된 문헌들이 15세기 이전부터 전해졌음이 사실이라고 해도 『환단고기』는 역사서가 아니라 종교와 사회사상과 관련된 문헌으로 해석되어야 한다는 견해도 제기된다. 고조선 이전에 환국과 배달이라는 중앙집권적인 고대국가가 존재했다는 이 책의 주장은 기존의 고고학적·역사학적 연구결과와 대립되는 반역사적이고 비합리적인 성격을 지니고 있기 때문이다. 다만 이 책은 단군 숭배 사상이 한국의 민족주의에 어떤 영향을 끼쳤는지를 보여주는 자료로서 의미가 있다. 또한 한국의 민족주의가 지닌 복고성과 배타성을 보여준다. (두산백과) 『규원사화(揆園史話)』는 1675년 북애노인(北崖老人)이 지었다는 고조선에 대한 역사책이다. 서문 및 조판기(肇判記), 태시기(太始記), 단군기(檀君記), 만설(漫說)로 구성되어 있다. 조판기에서는 조물주인 환인이 환웅을 시켜 천지를 창조하고, 환웅이 태백산에 내려와 군장(임금)으로 추대되는 과정을 그리고 있다. 태시기는 환웅(신시씨:神市氏)이 동방을 다스리던 수천 년의 역사를 기록하고 있으며, 단군기에서는 환검신인(桓儉神人)이 환웅으로부터 나라를 이어받은 때로부터 마지막 단군인 고열가(古列加)에 이르는 47대 1195년의 역사를 적은 것이다. 만설에는 저자의 우주관과 인생관·역사관 등이 나타나 있다. (『한국고중세사사전』, 가람기획) 『규원사화(揆園史話)』의 저자는 유학자들의 사관은 존화사대사상에 젖어 있다고 비판하고, 그들이 외면해 온 고기(古記)들을 바탕으로 상고사를 재구성하였다. 저자가 강조하는 고유문화는 단군시대부터 내려오는 신교(神敎)이며, 주자학은 사대사상의 근원으로서 배척된다. 저자가 참고한 책은 고려 말 이명(李茗)이 지은 『진역유기(震域遺記)』인데, 이 책은 고려 초 발해의 유민이 쓴 『조대기(朝代記)』를 토대로 한 것이다. 『조대기』의 존재가 『세조실록』을 통해 확인되므로 『진역유기』라는 책도 실존했을 가능성이 크다. 이 책은 결국 일종의 종교사화(宗教史話)인데, 엄밀한 문헌고증의 토대 위에서 구성된 역사책이 아니다. 다만 한국문화의 저류를 이루어 온 민속적 역사인식의 한 모습을 보여준다는 점에 가치가 있다. (『한국민족문화대백과』, 한국학중앙연구원) 한편 태권도계에서는 『환단고기』의 서술 내용을 근원적 요소로 받아들여 중요한 이론 체계의 기초로 삼고 있다. 역사적으로나 철학적으로 진리를 담았다고 간주하기 때문이다. 예를 들면 『태권도교본』(국기원, 2005) 태극 품새 설명 유래에 『환단고기』의 태백일사 조대기(朝代記)를 인용하고 있다. "기원 전 35세기경 동이(東夷)족의 고대국가인 황웅조 제5대 태우의(太虞儀) 천황의 열두 명 아들 중 막내인 태호 복희씨가 삼신의 성령을 받고 만리를 환하게 통찰하시게 되었으며 한얼님께 제사 지내고 하늘 가람에게 팔괘를 받으셨다. 복희씨의 직업이 환웅조의 우사(雨師)였기 때문에 천하(天河)에서 하루에 열두 번 변하는 신룡(神龍)을 보고 계시 받아 우주가 화생 변화라는 암호문인 하도를 그리신 것이다." (『태권도 용어정보사전』, 태권도문화연구소)

사'라는 큰 틀에서 태권도사의 초기 내용으로 이해될 수 있다는 입장이고 다른 하나는 다른 무예와 구분되는 '태권도사'라는 개념 위에서 현재의 구체적인 태권도의 역사와는 연관 짓기 어렵다는 입장이다. 두 입장은 다 나름의 논리적 근거를 가지고 있으며, 또한 서로 모순되는 주장이 아니다. 중요한 점은 두 가지 견해를 정확히 이해하고 이러한 입장들이 복합적으로 결합하여 균형 잡힌 역사 이해로 연결됨을 알아야 한다는 사실이다. 이런 관점에서 정리한다면 다음과 같은 이해가 가능하다. 첫째, 태권도는 20세기 한반도에서 '태권도'라는 명칭이 생기고, 특히 중국이나 일본의 무예와는 구분되는 독자적인 무예로서의 정체성을 발전시켰다. 둘째, 그러한 정체성 규정을 가능하게 하는 역사적 인과관계의 설정이 필요한데 이는 태권도가 직접적으로 조선시대의 무예 택견에서 비롯되었으며 유의미한 인과관계로서 고려시대의 수박이나 그 이전의 무예에까지 소급해서 거슬러 올라갈 수 있다는 서술로써 갈음할 수 있다.

고조선 시대의 무예에 대해서는 구체적인 사료나 고고학적 자료가 매우 부족해서 상세한 내용을 알기 어렵다. 최근에 김운회(2010) 등의 연구가 이어지고 있는 것은 다행스러운 점이다. 한 가지 확실한 점은, 당시의 한민족(韓民族)은 비파형 청동검을 사용하는 민족이었기 때문에 오늘날에도 비파형 청동검의 출토지역을 기준으로 한민족의 활동무대를 추측하고 있다.

김운회(2010)도 주장하듯이 고조선의 영역을 알 수 있게 하는 것 가운데 하나가 비파형(요령식) 동검의 출토지라는 사실은 비파형 청동검이 고조선 시대의 우리 문화에서 얼마나 큰 비중을 차지하는지를 알려준다. 비파형 동검은 한반도의 청동기 문화 형성에 결정적인 영향을 주었으며 이것은 한족들이 만든 청동검과는 달리 칼의 날과 자루가 각기 따로 주조되었

다.(김운회, 2010)

사라(1993)는 "비파형 동검은 한반도뿐만 아니라 요동 반도와 발해만 연안에서 풍부하게 발견되지만 만리장성 이남의 중국 본토에서는 발견되지 않는다."(Sarah M. Nelson, 1993)고 말하는데 그만큼 비파형 청동검은 상고시대의 한민족의 중요한 문화적 상징물이었다.

비파형 청동검에는 당시로는 획기적인 무기제작 기술에 해당하는 '혈조'가 새겨져 있었다. 혈조란 칼로 찔렀을 때 피가 흘러나오는 홈으로서, 이 혈조가 있음으로 해서 상대의 몸에 박힌 칼을 빼기가 쉬워진다. 그만큼 다음 전투를 준비하기가 쉽다. 그만큼 혈조가 있는 칼은 혈조가 없는 칼에 비해 뛰어난 무기라 할 수 있다.

그 밖에도 궁술은 우리나라에서 고대 이래 가장 중시되는 무예의 하나였다.(강동원, 2007) 특히 당시부터 한민족의 활과 화살은 동북아의 첨단 병기였고, 더불어서 우리 민족의 활쏘기 능력은 대단히 탁월하여 중국의 기록에서도 자주 언급되었다. 숙신(肅愼)의 활이 유명하고 화살 또한 그 위력이 대단하여 쇠를 뚫을 수 있다는 기록이 여러 사서들에 나타나 있다. 『신단민사(神壇民事)』에는 다음과 같은 기록이 있다.

> 숙신에는 단궁(檀弓)과 싸리나무로 만든 화살인 고시(楛矢)와 피골갑(皮骨甲)이 있었는데 활은 석 자 다섯 치이며 화살은 한 자 두 치이다. 나라 동쪽에 산이 있는데 거기에서 돌살촉이 났다. 그것이 쇠를 뚫고 들어갈 수 있었으며 독한 약을 발라 쏘면 맹수도 선채로 죽였다. 그것을 만드는 방법과 사용하는 기술이 특이하여 다른 나라들이 모방하지 못하고 다만 그 기능과 기계(器械)만 칭찬할 뿐이다.(신단민사 제1편, 상고(上古), 제1장 制度, 兵器)

『진서(晉書)』에는 "활의 크기가 석 자 다섯 치이고, 싸리나무로 만든 화살(楛矢)은 한 자쯤 된다. 나라 동쪽에 산이 하나 있는데 거기에서 화살촉을 만드는 돌이 나며 그 날카롭기가 쇠라도 뚫는다. 이 돌을 캐려면 반드시 신에게 기도를 드린 후에 캔다"고 하였다. 그 밖에도 『삼국지(三國志)』와 『후한서(後漢書)』 및 『만주원류고』 등에도 숙신의 활에 대한 기록이 있다.(고동영, 1993) 또한 읍루(挹婁)에 관하여 『삼국지』에서 다음과 같이 기록하고 있다. [14]

> 그들이 쓰는 활은 넉 자나 되는데, 이 활의 힘은 노(弩)와 같다. 화살은 싸리나무를 쓰는데 그 길이가 한자 여덟 치이다. 촉은 청석(靑石)을 갈아서 거기에 꽂는다. 이 땅은 옛날 숙신(肅愼)씨의 나라인데 원래 활을 잘 쏘고, 쏘기만 하면 반드시 사람을 맞히며 화살에 독이 있어서 맞으면 죽는다. 그 땅은 산을 끼고 있으며 그들이 활을 잘 쏘고 화살에 독이 있기 때문에 이웃 나라 사람들은 그들을 두려워하여 절대로 항복을 받을 수가 없다.(삼국지 동이전 읍루)

물길(勿吉)에 관하여 『위서(魏書)』는, "그들은 활을 쏘며 사냥하기를 잘한다. 활의 길이는 석 자나 되고 화살의 길이는 한자 두 치나 되는데, 화살촉은 돌로 만든다"고 하였다.

다만 숙신이나 읍루, 물길 등과 관련하여 이들이 우리 민족의 원형이거나 원형질을 공유한다고 확언하기에는 아직 정설이 확립되지 않았다는 어

---

14 한편 김운회(2010)는 읍루는 사실상 아이누족을 일컫는 말인데, 중국인들이 기마민족인 우리 민족의 특성을 이해하지 못하여 아이누족과 혼동한 결과라고 주장하기도 하였다. 즉 김운회(2010)에 따르면 진수의 『삼국지(三國志)』에 나오는 읍루는 숙신이 아니라, 아이누(Ainu)족과 같은 고아시아족으로서 쥬신, 숙신, 조선족과는 다른 민족이다. (김운회, 2010, 115쪽)

려움도 염두에 두어야 한다. 이설이 교차하는 조건에서는 학술적 단언이 불가능하기 때문이다. 예를 들어 숙신은 기원전 6~5세기 중원(中原) 북계(北界)를 비롯한 산둥반도(山東半島) 및 만주 동북부 지역에 살았던 종족임에 틀림없다. 중국의 고전인 『국어(國語)』, 『좌씨전(左氏傳)』, 『일주서(逸周書)』, 『사기(史記)』, 『회남자(淮南子)』, 『산해경(山海經)』 등에 고루 등장하는 이름이다. 식신(息愼) 또는 직신(稷愼)이라고도 하며, 호시(楛矢)와 석노(石砮)를 사용하는 종족으로 알려져 있다. 또한 조선(朝鮮)이라는 왕조명을 갖기 이전에 고조선인들을 부르던 호칭으로도 보기도 한다. 초기 기록인 『국어』에 나온 바에 따르면, 고조선과 밀접한 관련을 갖는 중원(中原) 북쪽 경계를 비롯해 산둥반도 및 남만주 주민을 총칭한다.

숙신의 후손으로 꼽고 있는 종족은 한(漢)대의 읍루(挹婁), 후위(後魏)대의 물길(勿吉)과 수·당대의 말갈(靺鞨), 발해 멸망 후의 여진(女眞)이다. 따라서 숙신은 일반적으로 여진족의 선조로 인정하고 있다. 지금까지의 연구는 대체로 그들의 종족 계통과 기원, 분포지역, 읍루 및 예맥(濊貊)과 고조선과의 관계에 집중되어 있는데 고아시아족 기원설과 순퉁구스, 몽고족, 동이(東夷)의 은인(殷人) 기원설 등이 제기되었다. 최남선(崔南善), 신채호(申采浩), 정인보(鄭寅普) 등은 숙신을 조선과 같은 어원으로 생각해 그들의 기원을 백두산 부근으로 생각하였다. 이에 반해 슈미트나 시라코고로프 등과 같이 고아시아족설을 주장하는 학자들은 그들의 발상지와 거주지로 흑룡강 유역과 연해주 북단을 거론하였다. 또한, 숙신이 중원 북쪽 경계로부터 흑룡강 중·하류로 이동했다고 주장하는 학자들은 그들의 기원을 하북계(河北界), 산둥반도, 발해만(渤海灣) 양안(兩岸), 황하(黃河) 유역의 중원지구 등으로 상정한다. 기원전 8세기 말~7세기 초의 춘추시대(春秋時代)를 기록한 문헌에는 중국 동북부에 활약한 종족으로 산융, 영지, 고죽, 도하 등이 등장할 뿐 숙신은 나타나지 않는다. 따라서 기원전 7세기 이전 숙신이 북경 동북 지방에 존재했다 하더라도 기원전 8~7세기 이후에는 길림성 북쪽 일대로 이주한 것으로 보이기 때문에 발음과 명칭상의 유사성만을 근거로 고조선과 동일 실체로 보기는 어렵다.[15]

또한 동이족(東夷族)이란 중국 동북부지방과 한국·일본에 분포한 종족을 중국인이 부르던 명칭이다. 은나라 때 인방(人方)이라는 이족(夷族) 집단이 있었고, 『죽서기년(竹書紀年)』을 비롯한 선진시대(先秦時代)의 문헌과 금석문에서 '동이'를 뜻하는 다양한 명칭이 발견된다. 여기에 표현된 이족과 동이족은 산둥성·장쑤성 북부 일대에 거주한 족속을 말한다. 이들은 단순한 이민족(異民族)이 아니라, 뒤에 중국민족을 형성한 중요한 요소가 되었다.

그러나 한(漢)나라 이후 쓰인 사서에 나오는 동이는 전국시대까지 중국의 동부지방에서 활약한 동이와는 전혀 별개의 존재였다. 한(漢)나라 때의 중국인은 변방의 종족을 동이(東夷), 서융(西戎), 남만(南蠻), 북적(北狄)이라 불렀는데 동이는 바로 동쪽에 있던 종족을 가리킨 말이다. 이 시기의 동이족에는 예(濊), 맥(貊), 한(韓) 계통의 우리 민족과 읍루와 왜족이 속하였다.[16]

이와 다르게 우리 민족과의 직접적 연관성에 주목한 설명도 있다. 중국인들이 주변 민족들을 지칭하면서 동북지역에 살고 있던 우리 조상들에게 붙인 명칭으로 중국의 고대문헌에는 동이족에 대한 언급이 많다. 은나라 때부터 중국의 한족과 관계를 맺고 있으며, 은으로부터 대대적인 정벌을

---

15 『한국민족문화대백과』, 한국학중앙연구원

16 문화콘텐츠닷컴, 『문화원형 용어사전』, 한국콘텐츠진흥원

당하기도 한다. 동이족의 초기 거주지는 중국의 산해관 이남 황하 하류지역이었으며, 점차 한반도 지역으로 생활 근거지를 이동한 것으로 보인다. 『설문해자(說文解字)』에 의하면 이(夷)는 큰 활과 관련되어 있다고 하고 있어 우리 민족이 활을 잘 다루는 민족임을 말하고 있다.[17]

이상의 여러 사료를 검토할 때 상고시대 우리 민족은 비파형 청동검을 휘두르고 뛰어난 궁술을 보유한 집단 또는 그 일부로 중국인들에게 이해되었음을 유추할 수 있다. 또한 상고시대 문화의 많은 부분이 그와 연관된 무예를 중요시했으리라고 생각할 여지는 충분하다. 한편 『환단고기』의 태백일사 삼신오제 본기에는 결혼하지 않은 사내들이 익혀야 할 육예(六禮) 가운데 하나로 검술과 함께 '권박(拳搏)'을 들고 있는데 권박은 맨손 무예를 가리키는 것으로 보인다. (김산호, 2011)

---

17 『한국고중세사사전』, 가람기획

삼국시대의
무예

　　삼국시대 사람들이 무예를 수련한 흔적
은 고구려 무용총 벽화를 비롯한 여러 사적에서 어렵지 않게 찾아볼 수 있
다.(김산호, 2011) 고구려에서는 어린이들 가운데서 특별한 인재를 뽑아 문
무를 겸한 교육을 집중적으로 실시해 나라에 필요한 재목으로 키웠는데
이들을 조의선인이라 했다. 조의선인은 검은 비단옷을 입어 일반인들과
구별했다. 조의선인들은 국가가 위급할 때 언제나 앞장서서 적을 물리치
고 나라를 구하는 무리로서, 유명한 대막리지 연개소문(淵蓋蘇文)도 3만여
명에 달하는 조의선인의 수장을 지낸 바 있다. 고구려 역사에 등장하는 내
로라하는 인물들 중 명재상 을파소(乙巴素)나 명림답부(明臨答夫) 또는 살수
대첩의 영웅 을지문덕(乙支文德)도 모두 조의선인 출신이었다.
　　조의선인은 선배 또는 선비로도 불렸는데, 선배는 고구려의 10월 제전

때 군중 앞에서 열린 각종 무예 겨루기에서 승리한 사람이다. 이들에겐 국가에서 급료가 지급됐고 한층 더 높은 수준의 무예와 학문 교육을 실시해 지도자로 양성되었다. 이들은 머리를 박박 깎고 검은 옷을 입었으므로 이들의 독특한 외양 때문에 고구려와 전쟁을 치른 수(隋), 당(唐)의 병사들은 이들을 승군으로 착각하기도 했다. 여기서 선배의 '선'자는 이두문의 '선(仙)'이고 '배'는 무리, 혹은 집단을 뜻하는 고어이므로 결국 선인과 같은 뜻이 된다.(김산호, 2011) 이로 인해서 조의선인 출신들은 뛰어난 무예실력을 자랑하였는데, 예를 들어서 연개소문은 다섯 자루의 칼을 지니고 다닌 무장이었으며 칼을 던져 공격하는 '비도술'로 유명하였다.(이덕일·김병기, 2006)

고구려뿐 아니라 백제 시대에도 왕실의 지원으로 무예가 장려된 것으로 나타나 있다. 기록에 따르면 말타기, 활쏘기, 맨손격투기 등이 당시의 군사들이나 평민 간에 대단한 인기가 있었다. 특히 '손과 발을 사용하는 호신술이 널리 행해졌다'는 기록이 있어 오늘날의 태권도 비슷한 고유의 무예가 존재했음을 짐작하게 한다. 백제 때에도 수벽타가 있었는데 『해동죽지』에는 이렇게 나와 있다.

옛 풍습에 수술(手術)이 있는데 마치 칼 쓰는 것과 같다. 척 장군은 그것을 병법으로 가르쳤는데 두 손이 왔다 갔다 할 때 만일 한 손이라도 법에 어긋나면 눈 깜짝할 사이에 머리가 떨어진다.

또 『일본서기(日本書紀)』 권 24의 내용을 보면, "백제의 사인(使人) 태좌평 지적 등을 초청해 일본의 무인들과 상박(相搏)을 하였다"라는 기록이 있다. 김산호(2011)는 여기서 말하는 상박이 '슈벽'의 또 다른 표현이라고 주장한다. 이런 간단한 기록으로도 우리는 그 당시에 이미 수벽도가 널리 퍼져 있었음을 알 수 있다.(김산호, 2011)

한편 신라의 무예는 오늘날에 화랑도 및 그들의 무예수련으로 알려져 있다. 하지만 사실 신라의 무예의 구체적인 내용에 대해서는 잘 알 수 없다. 다만 이창후(2003)가 고증한 바와 같이 대동류합기유술이 신라삼랑원의광을 시조로 해서 전승된 비전무술이고, 그리하여 현재의 합기도(合氣道)에서 발견할 수 있는 기법들이 신라의 무예임을 가정한다면 당시의 신라 무예에는 뛰어난 관절기를 중심으로 타격기와 관절기를 적절히 결합하는 효과적인 살상기법들이 있었다고 추론할 수는 있다.

고구려의

무예

　　　　　　　　고구려는 고대 한반도에 터를 잡았던
삼국 가운데 가장 세력이 크고, 상무정신이 강했던 국가였다. 이러한 고구
려의 상무적 전통은 한, 위, 진, 수, 당 등의 대외세력과 세력다툼을 벌이는
과정에서 형성되었다.

　고구려의 상무정신은 시조 동명성왕에서부터 미천왕, 소수림왕, 광개
토왕 등으로 이어지는 고구려왕들의 행적과 부분노, 명림답부, 을지문덕,
연개소문 등 많은 재상과 명장들의 치적에서 찾아볼 수 있다. 고구려의 시
조 동명성왕의 이름은 고주몽으로 가장 널리 알려져 있지만 그의 정확한
이름은 추모이다. 동명성왕은 추모와 주몽 외에 중모, 추몽, 중해, 도모 등
으로도 기록되어 있는데, 이는 부여말로 '활 잘 쏘는 이' 또는 '우두머리'
를 가리키는 '추모'를 한자로 표기하다 보니 여러 가지로 음역된 것이다.

2000여 년 전 당시의 무기라면 칼과 창, 도끼, 활이 고작이었을 것이고, 특히 멀리 떨어진 거리에서 적이나 짐승을 명중시킬 수 있는 명궁은 무리의 우두머리가 될 수 있는 자격을 충분히 갖춘 사람이었으므로 추모는 '우두머리'란 뜻도 되었다.(황원갑, 2004)

『동국이상국집』 동명왕편(東明王篇) 주석의 '활 솜씨 겨룸 기사'는 고구려사회에서 지도자의 조건, 영웅의 자격 요건으로 제시된 것이 무엇이었는지를 짐작하게 한다. 동국이상국집의 동명왕편에는 주몽의 남다름을 드러내는 기사가 많다. 주몽은 알에서 태어났다는 신화적 요소[18] 외에 절륜한 용력과 활솜씨를 지닌 인물이다.

> "왕이 해모수의 왕비인 것을 알고 이내 별궁에 두었다. 해를 품고 주몽을 낳으니 이해가 계해년이었다. 골상이 참으로 기이하고 우는 소리가 또한 심히 컸다. 처음에 되만 한 알을 낳으니 보는 사람들이 깜짝 놀랐다. 왕이 '상서롭지 못하다. 이것이 어찌 사람의 종류인가' 하고 마구간 속에 두었더니 여러 말들이 모두 밟지

---

18 전형적인 난생신화(卵生神話) 또는 난생설화(卵生說話)이다. 우주 창조 신화에서 우주의 시초를 알이라고 한다든가 시조신(始祖神)이 알이나 난형(卵形)의 것으로부터 태어났다는 신화다. 특히 우리나라 시조신들의 탄생신화 중 가장 많은 형태이다. 『삼국유사(三國遺事)』를 보면, 신라의 시조 박혁거세의 출생설화로서, 양산(楊山) 기슭 나정(蘿井) 부근에 여섯 마을의 사람들이 모여 있을 때, 번갯불 같은 것이 땅에 떨어져 그 자리를 찾아가 보았더니 보랏빛의 큰 알이 있었고, 거기서 박혁거세가 태어났다. 같은 책의 가락국기(駕洛國記)에 나오는 가락국의 시조 수로왕(首露王)의 설화에서도 가라(加羅)의 여러 마을 수장(首長)들이 구지봉(龜旨峰)에 모여 영신제(迎神祭)를 지내고 있을 때 보랏빛의 줄에 매달린 황금의 상자가 내려왔는데, 그 속에는 황금의 알이 6개가 들어 있어, 그 알에서 수로왕을 비롯한 6명의 시조가 태어났다. 또한 신라의 석씨(昔氏) 시조 탈해왕(脫解王)이나 고구려의 시조 동명왕(東明王) 주몽(朱蒙) 등의 출생설화에 있어서도, 한 여자가 커다란 알을 낳아 그 알에서 영걸한 왕이 태어난 것으로 되어 있다. (『한국민족문화대백과』, 한국학중앙연구원)

않고 깊은 산 속에 버렸더니 온갖 짐승이 모두 옹위하였다."[19]

"한 달이 되면서 말하기 시작하였다. 스스로 말하되 파리가 눈을 빨아서 누워도 편안히 잘 수 없다 하였다. 어머니가 활과 화살을 만들어 주니 그 활이 빗나가는 법이 없었다."[20]

"나이가 많아지자 재능이 다 갖추어졌다. 금와 왕은 아들 일곱이 있는데 항상 주몽과 함께 놀며 사냥하였다. 왕의 아들과 따르는 사람 40여 인이 겨우 사슴 한 마리를 잡았는데 주몽은 사슴을 퍽 많이 쏘아 잡았다. 왕자가 시기하여 주몽을 붙잡아 나무에 묶어 매고 사슴을 빼앗았는데, 주몽이 나무를 뽑아 버리고 갔다."[21]

빼어난 활 솜씨는 하늘신의 능력, 특별히 해신의 정기를 타고난 자만이 보여줄 수 있다는 믿음이 부여와 고구려인들에게는 그리 낯설지 않았으므로 어릴 때부터 '활 잘 쏘는 이'임을 내외에서 인정받던 주몽은 시대의 영웅, 전사 집단의 지도자로서 자질을 충분히 갖춘 셈이었다.

고구려는 동북아시아의 군사강국이었다. 군사강국이면서 무예가 발달하지 않을 수는 없다. 오늘날 군사강국인 미국에서 태권도를 포함한 여러

---

19 王知慕漱妃 仍以別宮置 懷日生朱蒙 是歲歲在癸 骨表諒最奇 啼聲亦甚偉 初生卵如升 觀者皆驚悖 王以爲不祥 此豈人之類 置之馬牧中 群馬皆不履 棄之深山中 百獸皆擁衛

20 經月言語始 自言蠅嗜目 臥不能安睡 母爲作弓矢 其弓不虛掎

21 年至長大 才能竝備 金蛙有子七人 常共朱蒙遊獵 王子及從者四十餘人 唯獲一鹿 朱蒙射鹿至多 王子妬之 乃執朱蒙縛樹 奪鹿而去 朱蒙拔樹而去

무예들이 인기를 끌고 있고,[22] 또한 무예에 대한 많은 연구가 미국에서 이루어지고 있는 것만을 봐도 쉽게 알 수 있다. 이러한 고구려의 군사력 및 그 무예는 고구려의 지리적 조건에서 기인하는 것으로 보는 것이 합리적이다. 고구려는 지리적 조건 자체가 강하지 못하면 생존할 수 없는 곳이었다. 『후한서』 동이열전의 고구려조에 보이는 다음 기록은 이런 사정을 반영한다.

> 그 나라 사람들은 성질이 흉악하고 급하며, 기력(氣力)이 있고
> 전투를 잘하고 노략질하기를 좋아하여…

이 기록이 말하는 바와 같이 고구려인들이 특별히 싸움을 좋아하는 포악한 성정을 타고나지는 않았을 것이다. 나라가 자리 잡은 곳이 숱한 이민족이나 침략자들과 맞서 싸우지 않고는 생존을 보장받을 수 없는 환경에 둘러싸였기에 이와 같은 강한 전투력은 필수 불가결했으리라고 판단해야 합리적이다. 이를 뒷받침하는 기록도 보인다. 『양서(梁書)』 고구려조에는 "고구려 사람들은 깨끗한 것을 좋아한다"고 했는데, 깨끗한 것을 좋아하는 사람들은 질서 잡힌 것을 좋아하는 사람들이며, 이런 사람들이 원래부터 싸움을 좋아했다고 보는 것은 불합리하기 때문이다.(이덕일·김병기, 2006)

군사기술로서의 고구려 무예를 살펴보면 무기체계와 깊은 관련이 있음을 짐작할 수 있다. 고구려군의 무기체계는 『위략(魏略)』, 『삼국지 동이전』,

---

22 미국은 여러 전통무술이 전파되는 현장이며, 프로복싱이나 종합격투기(UFC)와 같은 상업무예가 활발히 행해지는 곳이기도 하다. 무술은 영화를 비롯한 예술 장르에서 활발히 소재 또는 주제로 기능한다.

『양서』, 『주서(周書)』 등 역사서에 나타난다. 고구려의 병장기는 갑옷, 쇠뇌, 활, 극, 삭, 모, 연 등이 있었음을 알 수 있다.

특별히 고구려군의 모습을 가장 잘 보여주는 역사의 기록은 고분벽화이다. 고분벽화의 내용은 고구려인 스스로 묘사한 것이기 때문에 가장 신뢰성이 높은 시각 자료이다. 그 중에서도 「대행렬도」, 「전투도」, 「무사도」, 「수문장도」 등을 주목할 필요가 있다. 특히 「대행렬도」는 정규군의 행렬을 묘사했다는 점에서 전체적인 무장 상태나 병종 구성에 대한 가장 신뢰성 높은 자료이다. 「전투도」나 「무사도」의 경우 행렬도 만큼 다양한 병종구성을 보여주지는 않지만 고구려 중장기병의 모습을 잘 보여주고 있다. 반면 「수문장도」는 중장보병이 잘 묘사되어 있다.

그 내용을 보면 고구려군은 철편들을 이어서 만든 찰갑(札甲·비늘갑옷)이라는 당시의 최첨단 갑옷을 사용하였고 말에도 갑옷을 입힌 중무장 기병을 보유하였다.[23] 또한 고구려군은 물소뿔로 만든 작고 강력한 활을 보유하고 있었으며, 이것은 오늘날까지 전해져서 한국의 전통활이 되었다. 궁술의 전통은 고구려에서도 중요했다. 고구려 철갑기병은 동아시아 최강의 군대였다.

---

23 일정한 크기로 재단한 미늘[小札]을 엮어 착장자의 몸을 방어하기 위해 만든 갑옷의 일종. 한자어로는 찰갑(札甲)이라 하고 일본에서는 괘갑(挂甲)이라고 한다. 일정한 크기의 작은 미늘을 수십 매에서 수백 매씩 가로 또는 세로로 엮어 만들어 활동성을 극대화시켰으며, 동물 가죽과 같은 유기질제로 연결하는 것이 보통이다. 착장자의 상체를 보호하는 가죽제 갑옷을 중심으로 하여, 이에 부속한 상하로 연결된 철제 경갑(頸甲) 및 요갑(腰甲) 등으로 구성된다. 기동성이 극대화되어, 착장하고 활동할 때 활발하게 몸을 움직일 수 있다. 군사작전에 필요한 기동성 이외에 강도 또한 우수하다는 장점을 지닌다. 비늘갑옷을 통해 중장기병의 유무, 중무장한 군사의 등장과 함께 좁게 본다면 피장자의 군사적 성격까지도 유추할 수 있다. (『한국민족문화대백과』, 한국학중앙연구원)

고구려 철갑기병의 무장 가운데 주목할 점 중 하나가 기병의 못신이다. 이 못신의 위력은 대단했기 때문에 백제와 신라왕의 부장품이 되기도 하였다. 못신으로 기병이 달려드는 상대를 공격한다는 것은 곧 발로 찬다는 것을 의미한다. 이러한 발로 차는 공격기법이 실전적인 효과를 발휘함과 더불어서 하나의 중요한 무예로 발전했을 가능성은 크다. 물론 그 이후에 오늘날 태권도의 특징과 일치하는 발차기 기법의 발전과정을 추적할 수 있는 사료는 거의 없다. 하지만 철갑 기병의 못신에서 확인할 수 있는 발로 차는 공격기법이 우리 고대사에서 흔적을 드러낸 점은 매우 시사하는 바가 크다. 말을 타고 싸우는 방법은 동서양의 여러 문화권에서 활용하였지만, 말을 탄 상태에서 발로 근접한 적군을 공격하기 위한 방법을 개발하여 활용한 사례는 다른 문화권에서 쉽게 발견하기 어렵기 때문이다.

이와 같이 생존여건에 기인한 고구려의 상무적 전통은 경당, 조의선인 같은 무사집단을 통해 계승되었다. 그 중 경당에는 다음과 같은 특징들이 있었던 것으로 보인다.

첫째, 경당은 미혼자들의 집회처였다. 이는 그 기원이 신라의 화랑도(花郎徒)와 마찬가지로 원시 미성년집회에서 유래했음을 말해준다. 둘째, 경당은 교육기관으로서의 기능을 갖고 있었다. 그리하여 젊은 사람들이 경당에서 독서(讀書)를 하고 공부를 하였다. 셋째, 경당은 무예를 연마하는 곳이기도 했다. 젊은 사람들은 경당에 모여서 활 쏘는 연습(習射)을 하기도 하고 심신을 고루 단련하였다. 하지만 이 집단이 국가의 통제 하에 있던 군사기관은 아니었다. 이것은 신라의 화랑도와 마찬가지로 지역공동체에 뿌리를 둔 소년 무사단 조직이었던 것으로 보인다.

한편 고구려의 조의선인은 단재 신채호의 『조선상고사』의 기록에 의하면, 신라의 화랑도를 능가하는 전문 무사집단이었다. 조의선인은 선배(선비라고도 함)라고도 하는데, 그 뜻은 조의(검은 옷)를 입고 전시에 나라를 위해 목숨 바쳐 싸우는 무사집단이라는 것이다. 고구려의 관등을 살펴보면 선인이라는 관등이 있어 이것이 고구려에 조의선인이 있었다는 것을 알려 주고 있다. 고구려의 명재상 을파소, 명림답부, 살수대첩의 영웅 을지문덕, 고구려의 마지막 막리지 연개소문 또한 조의선인 출신이었다.

한편 고구려에서는 사회계층으로서의 전사집단도 존재하였는데 그것을 대가(大家)라고 부른다. 흔히 조의선인, 경당 등의 무사집단에 대해서는 많이 논의되지만 대가(大家)에 대해서는 그렇지 못하다. 『삼국지』의 고구려 조에 다음과 같은 기록이 보인다.

> "관직을 둠에 있어 대로가 있으면 패자를 두지 않고, 패자가 있으면 대로를 두지 않는다. 왕의 종족으로서 그 대가(大加)들은 모두 고추가(高雛加)라 칭하였다. (중략) 그 나라의 대가들은 농사를 짓지 않으니, 앉아서 밥을 먹는 이[坐食者]가 1만여 구에 이르렀는데, 하호들이 쌀과 양식, 물고기, 소금 등을 멀리서 지고와 이들에게 공급하였다."[24]

여기서 말하는 '앉아서 밥을 먹는 이'들은 무위도식하는 인구가 아니라 전문적인 전사 집단으로서 고구려를 보위하는 중요한 존재였다. 이들은 부경(桴京)이라는 창고를 집집마다 가지고 있는 기병(騎兵)이었던 것으로

---

24 其置官 有對盧則不置沛者 有沛者則不置對盧. 王之宗族 其大加皆稱古雛加. (중략) 其國中大家不佃作 坐食者萬餘口 下戶遠擔米糧魚鹽供給之.

추측된다.(이덕일·김병기, 2006) 이렇게 볼 때 경당, 조의선인, 대가 등의 다양한 조직을 가진 고구려 사회에서는 무예가 매우 일반화되어 있었고, 또 이것은 교육과 사회적 신분을 결정하는 중요한 요인이었을 것으로 추측할 수 있다. 이상의 예에서 보듯 고분벽화와 문헌, 문화적 사료는 고구려의 무예를 구체적으로 연구하는 데 도움이 된다. 특히 고구려의 도수무예에 대한 사료는 1차적으로 고분벽화들에서 찾을 수 있다.[25]

4세기 중반에 축조된 안악3호분 앞방 왼쪽 벽에는 두 남성이 겨루기 자세를 취한 모습을 그린 벽화가 있다. 이 벽화는 마주보고 선 장사들의 손발과 팔다리를 매우 역동적인 모습으로 묘사하였다. 남성들이 춤을 추는 모습으로 짐작할 수도 있으나 위에서 살펴본 고구려의 문화적 특징과 맥락을 근거로 사변하면 장사들이 도수무예로 용력을 겨루는 장면이라고 추정하는 것이 합리적일 것이다. 두 장사는 무장을 하지 않았을 뿐 아니라 갑옷은 물론 겉옷조차 걸치지 않은 채 움직이고 있다. 그러므로 목숨을 걸고 싸우는 쟁투의 한 장면으로 보기는 어렵고, 유희나 본 보이기의 차원에서 겨루기를 하는 것으로 추정할 수 있다. 나아가 두 장사가 서로 마주보면서 일정한 거리를 유지하고 있으므로 이들이 구사했을 도수무예는 태권도와 같이 떨어져서 치고 차고 때리는 등의 타격 기술을 중심으로 한 무예였으리라고 짐작해도 무리는 아니다. 이러한 짐작은 5세기쯤 축조된 각저총의 널방 왼쪽 벽에 그려진 벽화가 뒷받침할 수 있다. 각저총의 벽화는 두 사나이

---

25 도수무예(徒手武藝)란 병기를 사용하지 않는 맨손 무예다. 중국에서 일찍이 발달한 것으로 본다. 여기에 속하는 종목으로는 역대로 절두기(折肚伎), 척권(踢拳), 타권(打拳), 단타(短打), 철포삼법(鐵布杉法), 인복수박(引腹受膊), 농도(弄刀) 등이 있었다. (『중국의 전통잡기』, 서울대학교출판부)

가 씨름(또는 레슬링)과 비슷한 자세로 서로를 잡고 겨루는 장면이 선명하게 드러나 도수무예 겨루기의 또 다른 일면을 엿보게 한다.

안악3호분과 각저총에 남은 벽화만으로도 고구려에 주먹이나 발로 상대를 가격하는 맨손무술과 상대를 잡고 쓰러뜨리거나 제압하는 무술이 병존했음을 적극적으로 유추할 수 있다. 두 벽화는 서로 다른 두 도수무예의 겨루기 장면으로 볼 수도 있고, 한 가지 무술의 두 가지 경기 방식으로 이해할 수도 있다. 물론 두 무술이 한 무술에서 분리되어 다른 양식으로 발달했다는 추리도 불가능하지 않다. 안악3호분과 각저총의 제작 시기 사이에 시간 간격이 수십 년 존재한다는 사실을 감안하면 유추할 수 있는 범위가 더욱 커진다.

하지만 오늘날과 같이 다양한 무예들이 각자 정체성을 가진 문화로 간주되는 현상을 2000년 전의 동양 사회에 적용해 일반화하기는 어렵다. 여러 문헌들이 수박, 권법 등 무예를 언급하고는 있지만 각각의 무술을 세세하게 설명하거나 구분하여 기술하고 있지 않다. 이러한 사실에 비추어볼 때 각 시대별로 무예를 기법에 따라 체계화하여 정리하고 정체성을 부여한 예는 없었다고 보아도 크게 틀리지 않는다. 이런 점에서 각저총에 그려진 씨름도의 격투무예가 한국의 씨름 및 서양의 레슬링과 일본 스모(相搏) 및 고류 유술, 그리고 현재 이종 격투기에서 흔히 볼 수 있는 동작으로 이해하는 송일훈의 시각은 적절한 것으로 보인다.(송일훈, 2005)

어떻게 이해하든, 고구려는 무예가 곧 국가와 개인의 생존과 직결되어 있었으므로 상대를 제압하기에 유용한 모든 기법들을 활용할 뿐 그것으로 서로 다른 무예들을 구분하여 수련하였을 것 같지는 않다. 고구려의 상무 전통은 물론 도전과 응전의 반복이었던 역사를 고려할 때 이 시기의 무술이 전투적 요소를 간직했을 가능성이 크고, 따라서 종합격투기와 같이 전시살상능력이 높은 실전무술의 형태였을 가능성을 완전히 배제하기 어렵다. 두 벽화에 등장한 남성들이 모두 짧은 하의만 착용하고 있고, 머리 모양까지 비슷하기 때문에 두 그림이 타격과 씨름 또는 레슬링 기술을 종합적으로 구사하는 한 무예를 표현했다고 추측할 여지는 충분하다. 고구려는 무예가 곧 국가와 개인의 생존과 직결되어 있었으므로 상대를 제압하기에 유용한 모든 기법들을 활용할 뿐 그것으로 서로 다른 무예들을 구분하여 수련하였을 것 같지는 않다.

이상의 검토를 종합함으로써 다음과 같이 추론할 수 있다.

첫째, 고구려에서는 강력한 군사기술을 보유함과 더불어 다양한 도수무예를 실시하고 있었다.

둘째, 고구려시대에는 상대를 제압하는 데에 도움이 되는 모든 기법들을 망라하는 포괄적인 무예가 도수무예로 발전했을 수 있다. 그 무예의 기법은 현재의 태권도와 같이 서로 떨어져서 겨루는 도수무예와 현재의 씨름처럼 서로 잡고 겨루는 도수무예를 포괄할 것이다.

셋째, 기마병들이 못신을 신고 적을 공격한 데서 보듯 고구려 시대부터 발을 적극적으로 활용한 전투기법이 발달했다고 볼 수 있다.

넷째, 연개소문의 비도술은 고구려의 무예인들이 다양한 방법으로 자신만의 기법을 발달시켰음을 암시한다.

이와 같이 고구려 시대에는 무예가 많이 발전되었으며, 그 전통은 후대에까지 많은 영향을 미쳤을 것으로 짐작된다.

백제의
무예

백제(百濟)는 한강 유역 일대의 여러 성
읍국가(城邑國家)[26]를 거느리는 연맹왕국 단계를 거처 중앙집권적 귀족 국
가로 성장한 한국의 고대국가이다. 고구려, 신라, 가야 등 주변 인접 국가
와 군사적인 대치상태를 지속하는 가운데 발전한 국가로서, 이러한 군사
적 교류 과정에서 상무적 전통을 형성하였다. 그러나 백제의 무예에 대해
서 추정할 수 있는 상세한 자료는 매우 부족한 편이다. 그래서 단편적인 내
용만을 추정할 수 있을 뿐이다.

군사조직과 관련하여 병사들이 수련했다는 도수무예에 대한 사료는 확
인할 수 없으나, 『신증동국여지승람(新增東國輿地勝覽)』에 보면 전라도 여산

---

26 원시사회에서 고대국가로 전환하는 과도기적 단계에서 나타난 국가적 형태.

군(礪山郡) 작지(鵲旨)마을에서는 해마다 7월 15일 백중이 되면 근방 충청도와 전라도에 살고 있는 사람들이 모여 수박희(手搏戲)로 승부를 겨루었다는 기록이 있다. 전라도 여산군은 상고시대에 백제의 영토였다. 따라서 백제의 풍속이 조선시대까지 이어졌을 가능성도 없지 않다.

또한 백제가 고대 일본의 문화 형성에 큰 영향을 주었다는 역사적 사실에 비추어볼 때 백제 무예가 일본무예의 발달에도 영향을 주었을 가능성을 고려할 수 있다. 『일본서기』의 황극천황 원년 조에 백제사신이 찾아와 맨손 무예를 선보였고, 일본 조정에서는 건장한 장정에게 명령하여 이 백제의 사신과 상박(相搏)을 하게 하였다는 기록이 보인다. 이 기록으로 미루어 백제에서도 수박과 같이 서로 잡거나 치는 도수무예가 널리 성행하였을 가능성이 매우 크다고 본다.

국립부여박물관이 1993년에 발굴한 백제금동대향로에는 백제의 도수무예 전통을 짐작할 만한 조각이 새겨져 있다. 이 인물상은 향로 몸체의 연꽃잎 상단에서 확인되는데, 왼쪽 팔은 펴고 왼쪽 다리는 구부려 힘과 긴장감이 느껴지는 역동적인 동작을 하고 있다. 금강역사를 떠올리게 만드는 작품이다. 물론 이 인물이 무예를 하는지 춤을 추고 있는지 단언하기는 매우 어렵다. 그러나 백제의 예술가가 인체를 표현한 이 작품을 통해서 백제 무예의 동작을 상상하는 일은 얼마든지 가능하다. 어찌됐든 백제 무예에 대한 역사적 자료는 매우 적은 편이다. 그렇다고는 해도 만주와 반도를 아우르며 대륙 세력과 동북아시아의 패권을 다툰 강력한 고구려와 신라 사이에서 장기간 주권을 지켜낸 이 나라에서도 필연적으로 전투기술과 긴밀하게 연관된 무예가 다양하게 발전하였을 것임은 충분히 유추해볼 수 있다.

신라의
무예

　　　　　　신라(新羅)는 삼국 중 가장 먼저 세워졌
지만 국가의 틀을 세우는 데는 가장 늦었다. 백제의 건국, 고구려의 침입
등 주변국의 세력 팽창과 영토 확장을 위한 싸움을 시작하면서 무예의 발
달을 보게 되었다.

　신라의 무예를 검토할 때 먼저 화랑도(花郞徒)를 언급하지 않을 수 없다.
화랑도는 진흥왕이 고구려의 선배제도를 본받아 풍류도, 풍월도란 민간청
년 단체를 재정비, 강화한 것으로 보인다. 신라는 6세기 진흥왕 때에 이르
러 내부 결속을 다지고 활발한 정복 활동을 전개하면서 삼국 간의 항쟁을
주도하기 시작하였다. 진흥왕은 인재를 양성하기 위하여 화랑도를 국가적
인 조직으로 개편하고, 불교 교단을 정비하여 사상적 통합을 도모하였다.
특히 화랑도는 무사의 용맹과 충, 효를 기조로 국가사회를 위해 헌신하는

희생정신을 강하게 내세웠으며 인격도야와 심신단련에 힘써 인재를 많이 배출하였다. 삼국통일에 기여한 김유신, 김춘추 등이 그 대표적인 예이다.

신라는 화랑도를 근간으로 하는 무사단을 구축하고 이를 토대로 고구려의 지배 아래에 있던 한강 유역을 빼앗고 함경도 지역으로까지 진출하였다. 남쪽으로는 562년 대가야를 정복하여 낙동강 서쪽을 장악하였다. 특히 한강 유역을 장악함으로써 경제 기반을 강화하고 전략 거점을 확보할 수 있었다. 그뿐 아니라 황해를 통해 중국과 직접 교역할 수 있는 발판을 마련하였다. 이는 이후 삼국 경쟁의 주도권을 신라가 장악하는 계기가 되었다.

신라의 무예를 추정할 수 있는 자료 역시 많지 않고 단편적이다. 신라 무예 자료와 이에 대한 연구는 크게 세 부분으로 나뉜다. 첫째 신라시대 건축물인 석굴암 석굴의 입구에 있는 금강역사상, 둘째 수박(手搏) 및 각저(角觝)로 불린 도수 무예, 셋째 화랑도.

금강역사(金剛力士)는 불교의 수호신이다. 사찰 문의 좌우에 서서 수문신장(守門神將)의 역할을 한다. 금강저(金剛杵)를 손에 들고[27] 불법(佛法)을 수호한다. 그러나 경주 석굴암 전면의 금강역사는 손에 아무런 무기도 들고 있지 않은 점이 특이하다.[28] 석굴암 금강역사가 쥔 주먹은 현대 태권도의 바

---

27 금강저는 산스크리트의 바즈라(vajra)의 역어이다. 바즈라는 손잡이의 양단에 날카로운 날이 붙은 방망이형의 무기로 번개를 본뜬 것이라고 한다. 본래 뇌정신 인드라의 지물이었는데 후에 불교에서는 이 무기를 가진 신(집금강신)이 언제나 그림자처럼 불(佛)에 따라 붙어서 불을 수호하였다고 생각하였다. 밀교의 법구로서의 금강저는 이 무기가 견고하며 모든 것을 자를 수 있는 것에서 번뇌를 깨는 깨달음의 지혜의 상징으로서 채용한 것이다. (『종교학대사전』, 한국사전연구사)

28 두산백과

른 주먹[正拳] 모양과 흡사하다. 다른 손은 편 주먹과 유사하다. 국립경주박
물관이 소장한 청동제신장상(靑銅製神將像·靑銅力士像)도 금상역사상으
로 추정된다. 금강역사는 양손을 주먹 쥐고 있으며 오른손을 45도 정도 내
리고, 왼손은 위로 올려 역동(力動)적이다. 상체는 아무것도 걸치지 않고 허
리부분에 두 줄로 허리띠를 두르고 내부에 사선문(斜線文)을 새겼다. 치마
는 U자형의 두꺼운 줄무늬를 표현하였다. 이러한 모습은 일상의 한 장면
을 표현했다고 보기 어렵다. 태권도를 연구하는 입장에서 볼 때 공방의 자
세로 볼 여지가 얼마든지 있다. 이 자세와 동작이 공방을 표현하고 있다면
신라시대의 맨손 무예를 상상할 사고의 공간이 구축된다.

삼국 사이에 전쟁이 빈번했던 역사적 사실에 비추어볼 때 금강역사의
존재가 아니라 해도 무예가 성행했으리라는 추정은 언제나 가능하며 또한
합리적이다. 그럼에도 불구하고 금강역사상의 존재는 무예 연구에 있어
역사적 의미가 있다. 물론 금강역사가 불법을 수호하는 존재였다는 점에
서 불교의 성전에 배치한 무골의 조각상에서는 종교철학적 함의를 읽어내
는 일이 먼저다. 하지만 종교시설을 장식한 이 조각상이 맨손 무예의 동작
을 표현하고 있다면 그 시대를 살아간 사람들이 무예 및 맨손 무예를 상당
히 가치 있는 활동으로 인식했다고 볼 수도 있지 않을까. 특히 석굴암을 조
성하던 시기에 불교가 절대적 신앙의 지위를 누렸으며 대형건축물들은 필
연적으로 한 사회와 시대를 지배하는 권력의 반영임을 주목할 필요가 있
다. 고금의 사례를 두루 살펴보면 문화현상은 시대의 인식과 함께 하는 측
면이 강하다. 사농공상(士農工商)의 분별이 엄연했던 조선의 양반(兩班) 계
층이 문반(文班)과 무반(武班)으로 구성되었음에도 사당이나 향교 등의 시
설에서 무예와 관련된 구체적 또는 상징적 조형물이나 기호를 발견하기

어렵다.[29] 지금 남아있는 무인의 그림은 대개 민중들의 모습을 담은 풍속화에 나타난다. 이런 현상에 비추어볼 때 석굴암의 금강역사에 상대적 가치를 부여하는 일은 도전해볼 만한 과제가 된다. 또한 석굴암의 금강역사가 무예의 한 동작을 보여주고 있음이 사실이라면 그 시기 무예의 존재를 확인하는 차원을 넘어 구체적인 기법의 차원으로 연구 범위를 확장할 가능성을 기대할 수도 있다. 금강역사는 주먹과 편 주먹을 보여준다. 주먹은 모든 무예에서 사용한다고 생각하기 쉽지만 무예의 기술적 구성요소로서 통념을 넘어서는 영역이 있다. 우리의 전통무예로 간주되는 택견에서 주먹을 주로 사용해 상대에게 타격을 주는 기술은 찾기가 쉽지 않다. 유도나 레슬링에도 주먹을 사용해 상대를 제압하는 기술은 없다. 그러니 일견 평범해 보이는 금강역사의 자세가 삼국시대 또는 신라의 맨손 무예에 대한 부분적이기는 하나 구체적인 자료가 될 수 있음을 알 수 있다.

신라에 수박(手搏)이나 각저(角觝)로 불린 맨손 무예가 있었다고 주장하는 연구자들이 많이 있다. 전덕재(2005)도 그 중에 하나다.

---

29 선비, 농부, 공장(工匠), 상인(商人) 등 모든 계급의 백성을 부르는 말이다. '사농공상'이라는 말은 기원전 1000년쯤 중국에서 사용된 사례가 보인다. '한서(漢書)'에 민(民)의 직업을 네 종류로 대별하면서 "사농공상, 사민의 업(業)이 있다"고 하였고, '관자(管子)'에서는 "사농공상 사민은 나라의 초석(士農工商四民, 國之礎)"이라고 했다. 하지만 사농공상은 봉건시대의 계급 순서로 인식되기도 한다. 특히 이 개념은 고려시대와 조선시대를 통해 직업을 기준으로 가르는 신분계급으로 인식되어 왔다. 이와 같은 현상은 고려 후기에 중국에서 유교(儒敎)가 전래되면서부터 명확해졌고 차별의 근거로 작용하였다. 사농공상의 신분차별은 1894년 갑오개혁으로 해체의 단초가 마련되었지만 현대에 이르러서도 우리 사회에서 신분과 직업의 귀천을 가르는 인식의 내적 근거로 작동함을 부인할 수 없다.

고구려에서도 백희를 공연하였는데, 여기에 수박과 각저가 포함되었음을 고분벽화를 통해서 살필 수 있다. 고려시대에 수박희를 즐겼으므로 백희에 수박희도 포함되었다고 보아야 하고, 나아가 팔관회에서 백희를 공연할 때에 거기에 수박희나 각저희 역시 포함되었다고 보아야 자연스럽다. 고려 팔관회의 의례는 신라의 것을 계승하였으므로 신라 팔관회에서도 역시 백희를 공연하였고, 거기에 수박희가 포함되었다는 논리적 추론이 가능하다. 더구나 화랑과 낭도들이 신라 팔관회의 의례를 주도하였던 점을 감안한다면, 한 걸음 더 나아가서 화랑과 낭도들이 수박희나 각저희를 즐겼다고 추정해도 좋을 것이다.(전덕재, 2005, 137쪽)

오늘날에는 수박을 두 사람이 맨손 맨발로 상대를 가격하여 겨루는 타격무예로 이해하고, 각저는 두 사람이 서로 잡고 밀거나 넘어뜨리는 기량을 겨루는 무예로 이해하는 편이다. 이러한 이해를 근거로 수박은 오늘날 태권도와 연결되며, 각저는 씨름으로 계승 발전되었다고 보려는 노력이 있다. 그러나 고대사의 여러 자료에서 수박과 각저를 맨손 무예를 통칭하는 용어로 사용했음을 짐작할 수 있을 뿐 분명히 구분할 수 있는 별개의 무예로 인식한 사례를 확인하기는 쉽지 않다. 전덕재(2005) 역시 각저라는 기록이 송(宋)에 이르러 수박으로 바뀌고 있음을 근거로 삼아 각저가 씨름보다는 타격 중심의 격투 무예를 의미했으리라고 추정한다. 김학주(2001)는 다음과 같이 주장한다.

본래 각저희는 두 사람이 서로 몸을 부딪치며 힘이나 기예를 겨루는 씨름 또는 수박 비슷한 놀이였는데, 그것이 무예나 여러 가지 기예를 겨루는 용어로 개념이 확장되고, 나아가 서로 겨루기 형식이 남아 있는 다양한 유희(놀이)나 가무희를 포괄하는 용어로 그 개념이 더 확장되었으며, 마침내 한대에는 여러 가지 잡기(雜技)[30]와 놀이 및 가무희까지 포괄하는 용어로까지 사용되기에 이르렀던 것이다.(김학주, 2001, 114쪽)

화랑도는 귀족 출신의 화랑과 양가의 미혼 자제인 낭도(郎徒)로 구성되었다. 또한 조정에는 화랑조직을 통괄하는 화주(花主)가 있었다. 화랑들은 단체생활을 하면서 심신을 연마하고 검술, 기창술, 궁술, 기마술 등과 같은 무술을 익혔다는 기록이 있다. 이들은 틈틈이 가무(歌舞), 편력(編曆), 축국(蹴鞠), 수렵(狩獵) 등과 같은 활동도 하였다. 『조선상고사』는 신라의 화랑과 낭도가 수박이라는 맨손 무예를 수련했음을 기록하고 있다.(신채호, 1983)

> 국선화랑은 진흥대왕이 곧 고구려의 선배제도를 닮아 온 것이며 신수두 단전의 경기회에서 뽑아 학문에 힘쓰며 수박(手搏), 격검(擊劍), 기마(騎馬), 덕견이, 깨금질, 씨름 등 각종 경기를 하며 원근산수에 탐험하여 시가와 음악을 익히며 공동으로 한 곳에서 숙식하며 평시에는 환난구제, 도로수축 등을 자임하고 난시에는 전장에 나아가 죽음을 영광으로 알아 공익을 위하여 일신을 희생하는 것이 선배와 같다.

화랑들은 신라의 무사집단으로서 전쟁에서도 중요한 역할을 한 것으로 보인다. 신라가 백제와 고구려를 멸망시키고 대동강 이남 한반도의 패권

---

30 서커스의 곡예.

을 차지한 역사적 성취는 수많은 화랑출신의 장군들이 있었기 때문에 가능했다.[31] 대표적인 인물이 김유신이다.

---

31 신라 단독의 역량은 아니었고 당과 연합한 결과임을 부인할 수 없다. 또한 패권 수립 이후 강역이 대동강 이남으로 한정되었음도 눈여겨보아야 할 한계다. 고구려 영토의 대부분을 당이 차지했고 그로 인한 한민족 만주 경영의 역사적 공백을 메우기 위해 발해에 대한 연구가 절실한 것이다.

삼국의 무예와

태권도

고대 무예와 태권도를 연결하려는 시도는 무모해 보일 정도로 어렵다. 근거가 될 자료는 절대 부족하고 시간적인 거리도 멀다. 지금까지 살펴본 사료들은 대략 다음과 같은 고찰의 가능성을 제공한다.

고구려 철갑기병의 무구(武具)인 못신은 발로 상대를 공격하는 기술이 사용되었음을 추정할 수 있게 해준다. 고구려 철갑기병이 마상(馬上)에서 차기 기술을 어떻게 구사하였는지 구체적으로 확인하기는커녕 추측하기조차 어렵다. 또한 이러한 차기 기술이 이후에 어떻게 발전과 전승의 과정을 밟았을지도 짐작하기 어렵다. 그러나 다양한 차기 기술로 우열을 겨루는 현대 태권도가 고대로부터 이어진 우리 전통 무예의 맥락과 무관하게 창작되거나 돌연변이처럼 출현하였다고 볼 근거도 없다.

석굴암에 있는 신라의 금강역사는 그 시대의 도수무예를 추측할 근거가 된다. 금강역사에서 현대 태권도에 이르는 역사적 맥락이나 관련성을 이론으로서 구성하는 데에는 지난한 과정이 필요하겠지만 이러한 노력의 필요성을 완전히 부인할 근거도 없다. 금강역사는 삼국시대의 도수무예가 태권도와 어떤 식으로든 역사적으로 관련될 것이라는 추정에 힘을 싣는다. 물론 단순히 무술 동작을 떠올리게 하는 자세를 보고 금강역사의 동작을 태권도와 직결하려는 시도에 대한 여러 비판적 지적도 있다.

고대 무예의 주요 사료

구분	사료	주요 사항들
고구려	위략, 삼국지동이전, 양서, 주서. 여러 고분벽화들	1) 동아시아 최강의 철갑기병과 같은 강력한 군사기술을 보유함. 2) 두 가지 이상의 도수무예가 존재하였음. 3) 발로 공격하는 기법이 사용되었음.
백제	신증동국여지승람의 기록. 백제금동대향로의 인물상	1) 백제의 수박희 풍속이 조선시대까지 이어진 것으로 보임. 2) 백제가 일본 무예에 영향을 줬을 가능성.
신라	화랑도에 대한 기록들 석굴암 입구의 금강역사상	1) 화랑들이 수련한 다양한 무예가 있었음 2) 호국무예가 종교와 결합함.

고려의
무예

          고려시대의 대표적인 무예는 수박(手搏)
이다. 『고려사』의 여러 곳에서 수박을 언급하고 있다. 그러나 수박의 기법
을 설명한 구체적인 내용은 찾아보기 어렵다. 수박의 특징이 무엇인지도
알기 어렵다. 정확히 수박이라는 명칭을 사용한 사례 외에 맨손이나 주먹
으로 사람을 때려눕혔다거나 호랑이를 때려죽였다는 기록도 보인다. 하지
만 이러한 기록에서 나타나는 활동이 모두 같은 유형의 격투기법을 가리
키는지 확인할 수 없다.

    수박은 조선시대 전기까지 여러 기록에 보이다가 모습을 감춘다. 수박
이 사라진 대신 권법(拳法)이라는 명칭이 나타난다. 이 때문에 수박이나 권
법이 같은 무예인지 다른 무예인지를 놓고 논쟁이 발생하기도 한다. 여러
측면에서 수박은 특정 무예를 가리키는 명사로 보기 어렵다. 그래서 수박

을 '선 자세로 상대를 손이나 발로 가격하는 방식으로 싸우는 격투'를 가리키는 일반 명사로 보는 시각이 우세하다. 수박이라는 낱말은 중국과 한국의 문헌에서 1000년 이상 사용되었다. 중국의 사서인 『한서』에도 수박이 보이는데, 이 책은 서기 82년 무렵에 완성을 보았으므로 고려시대와는 1000년 가까운 시간 차이가 있다. 그 장구한 시간 속, 시대마다 종류가 다른 무예가 개별적으로 존재했을 수 있으나 문화적 개체로 인식되지 못했던 것 같다. 아마도 그 때문이겠지만 수박을 용어로서 설명하려는 구체적인 시도를 발견할 수 없다.

한편 송형석(2008)은 수박이 오늘날의 무예 혹은 맨손 무예에 해당하는 일반 명사가 아니라고 주장하며, 그 이유를 당시의 기록에서 수박과 씨름을 구분하고 있다는 점에서 찾는다.

> 고구려시대와 마찬가지로 고려시대에도 수박과 씨름은 서로 상이한 기술체계로 인식되었다. 수박이 박, 수박, 수박희, 오병수박희 등으로 표기된데 비해 씨름은 각저(角觝), 각력(角力), 상박(相撲), 각지(角支), 각희(角戱), 각희(脚戱) 등으로 불렸다. (조명렬 외, 1995, 328쪽) 씨름의 존재는 수박이 씨름과는 다른 기술체계, 즉 타격기술을 중심으로 체계화된 무예였을 것이라는 추측을 신빙성 있게 만들어 준다. (송형석, 2008)

이와는 별개로, 수박의 외래설(外來說)을 주장하는 학자도 있다. 허인욱(2005)이 대표적이다.

'수박'이라는 용어 자체는 중국의 사서인 『한서』 예문지에 '수박육편'이라는 책이 있었다는 기록을 볼 때 중국에서 먼저 사용되었음을 알 수 있다. 『한서』는 후한(後漢) 시대 반고(班固)(32~92)가 82년 무렵 완성한 책으로, 우리나라 기록에서 수박이란 용어가 처음 나타나는 고려 의종대(1146~1170)보다 대략 1,000년 정도 앞서 있다. 그렇다면 수박을 한국 고유의 맨손 무예라고 볼 수 있을까? 만일 '수박'이라는 용어가 중국에서 유입되었다면, 수박의 기술 역시 중국에서 들어왔다고 볼 여지도 있기 때문이다.(허인욱, 2005, 235쪽)

허인욱(2005)은 수박이라는 낱말이 중국문헌에 먼저 나타나기 때문에 중국에서 유입된 수입무예일 가능성이 있다고 추측하고 있다. 이러한 추측은 얼마든지 가능하지만 이 사실을 증명할만한 문헌 근거는 발견하기 어렵다. 그러므로 1000년 동안이나 쓰인 낱말 수박이 구체적으로 어떤 무술을 지칭하는지 확정할 수 없다. 다만 수박은 중국 문헌에서나 우리 문헌에서나 맨손 무예를 지칭하는 데 사용한 낱말이라는 사실만 인정할 수 있다.

송일훈(2005)에 따르면 수박이나 상박, 각저, 각력 등이 모두 '싸움(쌈박)'을 지칭하는 일반명사들이다. 수박은 단순히 '손으로 친다'고 해석할 수만은 없으며 '박(搏)'에는 '박집(搏執)'이라고 하여 '포박(捕縛)하여 잡는다'는 의미가 있고 상박에는 '칠 박(撲)'의 의미, 곧 치고 찌른다는 의미도 있다. 또 각력이나 각저의 각(角)은 '겨루다'나 '다투다', 저(抵)는 '치다'나 '때리다' 또는 '맞서다'라는 뜻을 가진 어원으로 볼 수 있다. (송일훈, 2005) 특히 송일훈(2005)은 여러 문헌을 비교하여 수박이 '슈벽'으로, 슈벽이 '수벽치기'로 변화했음을 추적한다. (송일훈, 2005) 여기서 나타나는 슈벽에 대한 이해는 김산호(2011)의 입장과도 일치한다.

김산호(2011)는 수박의 정확한 명칭이 '슈벽도'라고 주장한다. 고려 수박은 고려군에 속한 병사라면 누구나 익혀야 하는 기본 무술이며 무도이고, 무사들이 맨손으로 무장한 상대를 제압하는 무술로서 최종 목적은 적을 살상하는 데 있었다고 주장한다. (김산호, 2011)

『고려사』에 수박 외에 '병수(兵手)'라는 낱말이 보인다.

> "왕이 중광전(重光殿) 서루(西樓)에 거동하여 투화송인(投化宋人) 랑장(郞將) 진양(陳養)과 통역(通譯) 진고(陳高)·유탄(兪坦)을 불러 병수(兵手)를 시키고 각각 상품을 나누어주었다."(고려사 권12, 세가 12 예종 원년 계축)

여러 연구자들이 병수를 다양하게 해석한다. 허인욱(2002)은 '병사들이 하는 맨손 기술' 또는 '병사들이 하는 전반적인 (맨손)무예'라고 이해한다. 김광언(1994)은 '군사들이 손을 써서 겨루는 기술'로 해석한다. 송형석(2005)은 다른 시각으로 문헌을 검토하면서 "당시 고려의 도수무예와 송나라의 도수무예가 서로 다를 가능성을 열어준다"고 해석한다. (송형석, 2008) 이같은 주장의 근거는 『고려사』의 기록에 등장하는 수박의 주체가 주로 고려인인 데 반하여 위의 기록만 귀화한 송나라 사람이라는 점이다. 병수가 수박과 동일한 무예였다면 구태여 명칭을 달리해 기록하지 않았으리라는 것이다. 송형석은 여기서 멈추지 않고 고려의 무예가 송나라의 '적극적인' 영향을 받았다는 주장으로 나아간다.

한편 고려시대의 수박과 관련해서 많이 논의되는 용어 중의 하나가 '수박희(手搏戲)'이다. 수박희는 오늘날의 태권도 경기와 같이 곧 수박 경기, 수박으로 하는 스포츠일 가능성이 가장 크다.

수박 관련 문헌 기록

무예 명칭	관련 문헌
1) "수박"이라는 이름의 기록들	고려사 제100권 열전 제13 두경승 조에 1건, 고려사 제128권 열전 제41 이의민 조에 1건, 고려사 제129권 열전 제 42 최충헌 조에 1건 등.
2) "수박희(手搏戲)"라는 이름의 기록들	고려사 제19권 세가 제19 의종 경인 24년(1170)에 1건, 고려사 제36권 세가 제36 충혜왕 계미 후 4년(1343)에 2건 등.
3) "오병수박희(五兵手搏戲)"에 대한 기록	고려사에 제128권 열전 제41 정중부 조에 1건.

수박이 어떤 무예였는지 구체적으로 알기는 어렵지만 기록들을 종합해 다음과 같은 특징을 추리할 수 있다.

첫째, 수박은 당시의 무인들에게 매우 성행하였던 보편적 무예였을 것이다. 수박은 특정한 무예를 지칭하기보다는 무예 일반을 가리키는 낱말이었던 것 같다.

둘째, 수박을 잘하는 사람에게 매우 파격적인 대우로 승진 기회를 주었을 만큼 수박은 벼슬과 승진에 직결된 필수적인 무예였다. 그러므로 수박은 고려시대의 사회에서 제도와 연관된 공인된 무예였을 수 있다.

셋째, 수박은 주먹을 휘두르는 기술을 포함하는 입식타격의 무예였을 것이다. 상대를 잡고 쓰러뜨리거나 관절을 꺾는 기법보다는 때리고 차는 기법 위주였다. 수박에 능했던 이의민과 두경승이 힘겨루기를 했는데 "이의민이 맨주먹으로 기둥을 치니 서까래가 움직였고, 두경승이 주먹으로 벽을 치니 주먹이 벽을 뚫고 나갔다"고 기록되어 있고, 또 "이의민이 맨손으로 사람의 척추를 쳐서 살해하였다"고 기록되어 있다. 이외에도 1102년 숙종의 행렬이 우타천 들판에 이르렀을 때 갑자기 호랑이가 나타났으며, 왕의 명령을 받은 견룡 교위 송종소가 이 호랑이를 맨주먹으로 때려죽였다(校尉宋宗紹 搏殺)는 기사도 있다. 한편 고려 2대 왕 혜종이 대역(大逆)을 감행하기 위해 자신의 침전에 침입한 도당을 '한 주먹에 때려눕혔다(一拳斃)'는 기사도 있다.

넷째, 수박은 관람 유희의 성격도 가질 만큼 기교적인 다양성을 가진 무예였을 것이다. 『고려사』등에 왕이 수박희(手搏戲)를 구경하였다는 기록이 여러 번 나온다. 『고려사』 제36권 세가 제36 충혜왕 계미 후 4년(1343)의 기사에는 "기유일에 왕이 동교에 가서 매 사냥을 하고 돌아오다가 화비의 궁에 가서 수박희(手搏戲)를 구경하였다."고 기록되어 있고, 『고려사』 제36권 세가 제36 충혜왕 계미 후 4년(1343)의 기사에는 "신묘일에 공주가 연경궁으로 거처를 옮겼다. 왕이 주연을 차려 공주를 위로하고 밤에는 씨름을 구경하였다. 6월 병신일에 왕이 마암(馬巖)에 가서 수박희(手搏戲)를 구경하였다."고 되어 있다. 이와 같이 수박희가 왕이 구경할 정도였다면 단순히 재미있는 구경거리 수준에 머무르지는 않았으리라.

고려 수박 관련 문헌

고려시대 수박의 특징	관련 문헌
1) 보편적 무예였다.	고려사 제100권 열전 제13 두경승 조
2) 벼슬과 승진의 수단이었다.	고려사 제128권 열전 제41 이의민 조 고려사 제129권 열전 제 42 최충헌 조
3) 입식타격의 무예였다.	고려사 제128권 열전 제41 이의민 조 고려사 제127권 - 열전 제40
4) 관람할만한 기교적인 다양성을 가진 무예였다.	고려사 제36권 세가 제36 충혜왕 계미 후 4년(1343)의 기사 고려사 제19권 세가 제19 의종 경인 24년(1170)의 기사

송형석(2008)이 정리한 수박의 특징도 전술한 바와 크게 다르지 않다. 그는 ▶고려사에 수박과 수박희라는 두 가지 명칭이 번갈아 나타난다. ▶ 수박이 당시의 무인들 사이에 매우 성행하였다. ▶수박을 잘하는 사람에게 매우 파격적인 대우로 승진 기회를 주었을 만큼 수박은 벼슬과 승진에 직결된 필수적인 무예였다. ▶수박이 당시의 벼슬과 승진에 직결되었고, 많은 무인들 사이에 성행한 무예였으니 그 기술도 매우 발달했을 것으로 추측된다고 하였다.

수박과 태권도의 역사적 연관성은 고대 무예와 태권도의 연관성에 비하면 구체적인 편이다. 무엇보다도 수박을 구체적으로 언급한 역사적 기록들이 있다. 물론 두 무예의 직접적인 연관성을 탐구하는 데에는 여전히 많은 어려움이 있고 추가적인 문헌의 발굴도 시급하다. 그럼에도 불구하고 현재 파악할 수 있는 고려시대의 수박을 현재의 태권도와 비교할 수 있다.

첫째, 수박은 고려시대의 보편적 무예를 지칭하는 것으로 추정할 수 있다. 이 점은 제한적으로 태권도에도 적용된다. 특히 최석남(1955)의 서문에서 잘 볼 수 있듯이 태권도가 현대적으로 정립되던 1950년대~1960년대에는 태권도는 근본적으로 모든 맨손 무예를 포괄하는 일반명사의 의미로 발전하기 시작했다. 태권도와 구분되는 다른 무예들이 자리를 잡으면서 그 의미가 달라졌지만 태권도는 오늘날에도 여전히 한국무예를 대표한다. 이런 점에서 태권도는 '실질적으로' 한국 무예를 지시하는 대명사라고 할 수 있다. 이런 점은 단지 그 언어적 의미 확대에 의해서만이 아니라 여타의 무예에서 발견되는 기법적 특징들의 공통분모에 의해서도 정당할 수 있다. 즉 모든 한국무예가 태권도의 발차기 기법을 포함한다. 합기도와 정도술과 같은 무술들조차도 태권도의 발차기를 대부분 포함한다. 특히 선무도, 십팔기, 기천도와 같이 전통무술을 표방하지만 신생무술로 보이는 이런 무예들은 모두 뒤차기, 뒤후려차기와 같은 태권도의 핵심 기법들을 포함한다. 즉 태권도는 모든 한국 무예의 공통분모인 셈이다. 비록 태권도가 아닌 한국 무예가 없지 않으나 태권도를 보편적인 한국무예라 해도 크게 틀리지는 않는다.

둘째, 수박이 벼슬과 승진의 수단이었던 것처럼 태권도 역시 오늘날 사회적 성취의 수단이다. 태권도 단증은 군인, 경찰, 경호원 등의 여러 사회적 지위를 획득하거나 승진하는 데에 중요한 자격조건이 된다. 군대에서 높은 계급에 오르는 일, 경찰에서 고위직으로 승진하는 일은 고려시대의 벼슬과 관직이 높아지는 일과 다를 바가 없다.

셋째, 수박과 태권도는 주먹으로 때리고 발로 차는 입식타격의 무예라는 점에서 공통점이 있다. 앞에서 살펴본 바와 같이 수박은 상대를 쓰러뜨리는 씨름과 달리 주먹으로 때리는 기법을 중요하게 썼다. 발로 차는 기법에 대해서는 기록에서 볼 수 없으므로 확인하기 어렵다. 수박에서는 발로차는 기법이 적거나 없었을지도 모른다. 따라서 전체적인 기법 구조에서는 수박과 태권도가 얼마나 유사한지 알 수 없다. 하지만 입식타격 무예라는 공통점은 분명하다. 수박이라는 낱말이 같이 나오는 문맥에서 발차기에 대한 기록을 찾기 어렵기는 하다. 하지만 허인욱(2005)에 따르면 고려시대와 조선시대 문헌에 나오는 맨손 무예 수박에는 발기술도 사용되었을가능성을 간과하기 어렵다. 허인욱(2005)은 고려시대의 발기술에 대한 기록을 『역옹패설(櫟翁稗說)』에서 찾는다. 그 내용을 살펴보면 "고려 정부는후백제 부흥을 목표로 일어난 '이연년(李延年) 형제의 난'을 토벌하기 위해군사를 동원했는데, 이 때 밀양사람 박신유가 도적의 무리에 있던 사나운중과 무기를 들고 대결하다가 발로 차서 거꾸러뜨렸다는 내용이다."(허인욱, 2005)

넷째, 수박과 태권도는 볼거리로서도 가치가 있어 활용되었다는 공통점이 있다. 수박이나 태권도를 관람한다는 것은 곧 겨루기를 구경한다는뜻이다. 그런 면에서 오늘날의 격투 스포츠와 같은 방식으로 유희되었음을 알 수 있다. 하지만 사람들은 태권도뿐 아니라 거의 모든 격투기술을 관람한다. 씨름과 유도, 권투도 그러하다. 그런 점만으로는 차별성이 약하다.분명한 차별성은 수박이 왕이 관람할 만한 경기였다는 대목에서 확보된다. 왕과 같은 지배계층은 단순하고 단조로운 경기를 즐겨 관람하지 않을것이다. 왕이 수박을 즐겨 관람할 정도였다면 수박이 기교적으로 다양성을 가진 화려한 무예였음에 틀림없다. 특히 기록에도 나타나듯이 공주를위로하기 위해 수박 경기를 관람하였다면 기예적인 기법들이 펼쳐지는 경기가 아닐 수 없다. 이렇게 아름다운 동작을 포함하는 무예라는 사실은 태권도의 중요한 특징이기도 하다.

고려 수박과 태권도의 관련성

고려시대 수박의 특징	태권도의 특징과 관련성
1) 보편적 무예였다.	오늘날 태권도는 한국무예를 대표한다. 또한 모든 한국무예가 태권도의 발차기 기법을 포함한다. 그런 점에서 비록 태권도가 아닌 한국 무예가 있지만 태권도는 어느 정도 보편적인 한국무예라 할 수 있다.
2) 벼슬과 승진의 수단이었다.	오늘날 태권도 단증은 군인, 경찰, 경호원 등의 여러 사회적 지위를 획득하거나 승진하는 데에 중요한 자격조건이 된다.
3) 입식타격의 무예였다.	태권도 역시 입식타격 무예로서 주먹으로 때리고 발로 차는 기법을 주로 한다.
4) 관람할 만한 기교적인 다양성을 가진 무예였다.	오늘날 태권도 역시 그 화려한 발차기 기법을 중심으로 관람의 가치가 있는 문화가 되었다.

조선의
무예

　　　　　　　　　조선시대의 무예에 대한 자료는 이전
시대에 비하면 훨씬 많다. 조선왕조를 중심으로 한 정치사에서 나타나는
문헌자료뿐 아니라 조선시대의 민속과 민중들의 생활상에 대한 자료도 많
기 때문에 무예사를 더 포괄적으로 탐구하는 일이 가능하다. 이와 같은 자
료를 근거로 삼되 기존의 무예사 연구 결과를 활용하기 위하여 조선시대
의 무예를 국방무예와 민속무예로 나누어서 기술할 수 있다.

　　여기서 국방무예란 조선왕조가 공식적으로 무관과 공직자들에게 제도
적으로 권장하고 교육하였던 무예를 가리킨다. 이에 반해서 민속 무예란
조선시대의 민중들이 다양한 민속 문화 전승의 경로로 습득하고 발전시키
며 전수하였던 무예를 가리킨다. 조선시대의 국방무예에는 수박과 권법을
포함한 『무예도보통지』에 수록된 무예들이 포함되며 민속 무예에서는 택

견, 수벽치기 등이 중심이지만 검계나 왈자들을 중심으로 한 이름 없는 무술의 기법들도 포함시킬 수 있을 것이다.

조선시대의 무예 역시 국방의 중요 부분이었고, 더 나아가서 국왕을 중심으로 전개되는 국가 지배체제 및 사회 구조와 상호 밀접한 연관성을 갖는 것이었다. (강동원, 2007) 그러므로 다양한 국방무예의 발전은 필연적이었다.

국방무예는 기본적으로 무기를 사용한 전투기법이나 지식을 가리킨다. 특히 조선초기에는 홍건적과 왜구의 침입이 계속되었고, 명나라의 발흥 또한 새로운 국제적 긴장관계의 원인이 되고 있는 상황이었으므로 조선은 건국 직후 시급한 문제의 하나로 군제의 확립과 군사력의 증강을 추구하지 않을 수 없었다. 따라서 유교를 통치이념으로 삼고 있던 정도전 등의 조선 초기 위정자들은 그 해답을 강무제(講武制)에서 찾고자 했다고 강동원(2007)은 주장한다. '강무제'란 단일 제도라기보다는 무예를 강의하는 전반적인 사회체제를 가리킨다고 보아야 옳다. 이러한 국방무술은 오늘날의 소총사격술, 수류탄 투척술 등이 해당될 것이다.

고려시대나 조선시대 무사들의 본격적인 무예훈련은 무기에 따라 크게 궁술, 창술, 검술 등으로 나누어지는데, 고려나 조선 전기 사료에서 주로 찾아볼 수 있는 것은 궁술과 창술이다.(강동원, 2007) 이 책은 태권도의 역사를 개괄하려는 편집 의도에 충실하기 위해 맨손 무예를 중심으로 사료를 검토할 수밖에 없다. 그러나 조선시대의 국방무예를 궁술, 기타 무기술과 맨손무술로 나누는 틀은 유지할 필요가 있다.

조선시대에는 궁술을 무사들의 훈련 또는 시험과목으로 선정하고 제도화하였다. 이러한 궁술중심의 무사훈련은 멀리 고구려 시대부터 이어지는 활쏘기의 전통에서 뿌리를 찾을 수 있다. 고구려의 무예를 검토하면서 살펴보았듯이 궁술의 뛰어남은 주몽을 비롯한 시대적 인물들의 비범함을 드러내는 상징적 재능에 속했다. 고구려 궁술의 유산은 무용총과 같은 고분의 벽화에서도 확인할 수 있다. 특히 무용총의 벽화는 다채로운 콘텐트로 연구자들의 역사적 상상력을 고취하는 소중한 자료의 하나다. 무용총은 중국 지린 성 지안 현 여산 남쪽 기슭에 있는 고구려 고분이다. 1935년 처음 조사할 때 널방[玄室] 왼벽(동남벽)에서 발견된 무용 그림으로 인해 무용총이라는 이름이 붙었다. 북한에서는 '춤무덤'이라고 부른다.

이 무덤의 오른쪽 벽(서벽)에 유명한 수렵도가 그려져 있다. 벽화 색채는 황색과 갈색 등 따뜻한 느낌의 색으로 되어 있다. 벽면 우측에 치우친 커다란 수목이 화면을 불균등하게 분할하고 있는데, 좌측에는 수렵도가 있고 우측에는 상하로 우교거(牛轎車)가 2대 그려져 있다. 화면 오른쪽 3분의 2 지점에 커다란 수렵도를 그렸다. 수렵도는 도안화된 산악과 나무들 사이로 새 깃털로 장식한 관과 검은 두건을 쓴 기마 인물들이 사슴과 호랑이를 사냥하는 모습을 그린 것이다. 시원스런 공간 배치와 생동감 있는 필치로 인하여 고구려 고분 벽화 초기의 대표작으로 꼽힌다. 위쪽에는 기사(騎士)가 배사법(背射法)으로 뒤편 사슴을 향해 단궁(短弓)의 시위를 당기고, 아래쪽에는 앞에 달리는 사슴과 호랑이를 쫓아 활을 당기는 장면으로 구성되어 있다. 새 깃털을 꽂은 절풍이나 화살통은 유물 복원에 중요한 자료이다. 또한 이 고분은 맨손 무예를 연구하는 학자들도 결코 간과해서는 안 될 유물로서, 천정에 그린 그림에 수박희를 겨루는 장사 두 사람이 보인다.[32]

---

32 『고고학사전』, 국립문화재연구소

조선시대에는 활쏘기를 가장 중요시하였다. 조선시대의 활은 중국의 창, 일본의 칼과 더불어 동양의 3보(寶)로 꼽히는 뛰어난 병기이다. 일본에서는 무사들이 항상 칼을 들고 다니며 칼로 무예를 겨룸으로써 검술이 발달하였고, 중국에서는 다양한 무기(창, 봉, 도, 검, 월 등)가 고르게 중시되는 가운데 창을 활용한 마상 전투의 상징성이 크다. 조선의 전통활은 그 위력이 세계 여러 문화권의 활들 중에서 가장 뛰어난 것으로 인정받는다. 무기로서의 가치는 말할 것도 없거니와 그 장점은 휴대가 쉽고 조작이 간편하며 화살을 쏘아 보내는 데 힘이 많이 들지 않고 말 위에서 쏘기도 편하다는 단궁(1m 안팎의 작은 활)의 장점과, 사거리가 길고 관통력이 우수하다는 장궁(2m 안팎의 큰 활)의 장점을 모두 보유한 데서 나온다.[33] 활쏘기의 전통은 조선왕조의 무관 선발제도에도 반영되어 태종 9년 2월 경인일에 병조가 올린 무사 선발법에는 이미 삼군갑사가 기사(騎射)와 보사(步射)를 시험하여 선발하였고 무과(武科)에서도 기사(騎射)와 보사(步射)를 채택하였음을 볼 수 있다. 특히 세종대에 이르면 활과 화살의 종류를 구분하고 자세한 궁술시험 세칙을 마련하게 된다.(강동원, 2007)

그 상세한 내용을 살펴보면 보사(步射)의 경우에는 사격거리 및 활과 화

---

33 그뿐만 아니라 우리말로 "아기살"로도 불리는 조선시대의 비밀병기 편전도 국궁의 위력을 증폭시키는 무기이다. 편전이란 길이가 24~36cm에 불과한 짧은 화살을 말하는데, 길이가 짧아서 편전을 쏠 때는 그대로는 활에 걸쳐 쏠 수 없고, 대나무를 반으로 조갠 통아(桶兒)라는 통에 넣고 쏘아야 한다. 이 편전의 가장 큰 장점은 엄청난 사거리였는데, 1929년에 조선궁술연구회가 펴낸『조선의 궁술』에 따르면 "과거시험에서는 편전을 130보 거리에서 쏘지만 이것은 과거의 규정일 뿐 1,000보 (약 1,200m) 이상을 능히 도달하며, 두껍고 무거운 갑옷도 관통할 수 있다"고 한다. 각궁의 일반 사거리는 대략 150~200m 정도였지만 편전은 420m 넘게 날아갔다는 기록까지 있다. 또한 화살 장인 양태현에 따르면 편전은 길이가 짧아 상대가 화살의 궤적을 보고 쳐 내기가 힘든 무기였다.

살의 종류에 따라 여러 가지로 나뉘었고 평가 방식도 목표물을 정확히 맞히는 것이 있는가 하면, 일정한 거리에 도달하는 방법도 있었다. 대체로 조선 전기에는 보사(步射)의 사격거리도 시험과목에 따라 매우 다양하였다가 세조대에 이르러 일정한 규례를 가지게 되고 『경국대전』에서는 보사를 80보, 130보, 180보, 240보로 구분해서 규정하게 된다. 240보 보사(步射)의 경우에는 목전(木箭)을 사용하였다. 보사는 3발을 쏘았는데, 1발이 목표에 미칠 때마다 7분(分)을 주고, 240보를 넘으면 초과하는 5보마다 1분씩을 가산하여 50보 이상을 초과하면 비록 표적 밖이라 해도 분수를 주었다. 앞의 표적은 좌우의 거리가 50보이고, 뒤의 표적은 좌우의 거리가 70보이며 앞의 표적과 뒤표적의 사이는 50보였다. 여기서 무과 초시와 복시(覆試)의 경우에는 3발 중 1발 이상이 표적에 도달해야 다음 과목을 치를 수 있었다. 80보 보사(步射)의 경우는 철전(鐵箭)을 사용하였는데, 무게가 6량인 6량전을 사용하였다. 1발이 표적에 미칠 때마다 7분을 주었고, 80보를 넘으면 5보마다 1분을 가산해주었다. 여기서 무과 초시와 복시의 경우도 앞의 240보의 경우와 마찬가지로 3발 중 1발 이상의 목표에 도달해야 다음 과목을 치를 수 있었다. 130보 보사(步射)는 편전(片箭)을 사용하였다. 1발을 맞힐 때마다 15분을 주고 관에 맞히면 배로 주었다. 후(侯)의 넓이가 8척 3촌, 길이가 10척 8촌이며, 관(貫)은 넓이가 2척 2촌, 길이가 2척 3촌이었다. 180보 보사(步射)는 목전(木箭)을 사용하되, 1발이 표적에 미칠 때마다 5분(分)을 주었다.

활쏘기 이외의 기타 무기술에는 아주 다양한 무기를 다루는 기법들이 포함된다. 이것을 나열하자면 다음과 같다.

1) 본국검(本國劍) : '신라검(新羅劍)'이라고도 하며, 신라의 화랑에서부터 그 기원이 시작되는 고대 검법으로 알려져 있다.

2) 예도(銳刀) : 중국 명나라 때 편찬된 모원의의 『무비지(武備志)』에서는 예도를 "본디 조선세법(朝鮮勢法)…"이라 명시하고 있다. 모두 스물네 가지 검법의 기본 세법을 그림과 함께 설명하고 있다. 이후 모든 중국 검법의 이론적 근간을 이룸은 물론 다른 무예의 발전에도 지대한 영향을 미친 검법으로 보인다.

3) 낭선(狼筅) : 긴 대나무를 사용하여 만든 무기이다. 끝에는 창날을 달고, 가지에 얇게 날이 선 철편을 달아 독을 발라 사용한다. 체격이 크고 힘이 좋은 병사들을 선발하여 사용케 하였다. 재빠르고 활발하게 사용하기는 어렵지만 다른 무기와 함께 조를 이루어 사용하면 전투에서 효과적일 수 있다.

4) 제독검(提督劍) : 쭉 곧은 직도를 사용하였다. 벨 때는 도(刀)의 이점을, 찌를 때는 검(劍)의 이점을 활용하였다. 왜구의 긴 칼을 상대하기에 효율적이었을 것이다.

5) 월도(月刀) : '대도(大刀)'라고도 한다. 자루의 길이는 4~6척(121~182㎝)이며 여기에 폭이 넓고 날카로운 날이 옆으로 누운 달 모양과 같다 하여 '언월도'로 부르기도 한다. 도(刀) 중에서 가장 큰 것으로 말 위에서 사용할 때는 '마상월도(馬上月刀)'라고 한다.

6) 쌍검(雙劍) : 칼을 두 자루 사용하여 방어와 공격의 효과를 극대화시킨 검법이다. 짧고 가벼운 칼을 사용하여 날카롭고 변화무쌍하게 움직인다. 말 위에서 사용할 때는 '마상쌍검(馬上雙劍)'이라 부른다.

7) 곤봉(棍棒) : 봉은 두드리고 치고 찌를 수 있는 만능 무기로서, 병장술을 익히는 사람이면 제일 먼저 배우는 기초 과목이다. 임진왜란 때 승병들의 주된 무예였다.

8) 협도(俠刀) : 칼에 긴 자루를 달아 더 길게, 그리고 더 힘 있게 사용할

수 있도록 만든 것이다. '미첨도(眉尖刀)' 또는 '장도(長刀)'라고도 한다. 병장무술에 널리 사용하였다.

9) 왜검(倭劍) : 토유류, 운광류, 천유류, 유피류 등 네 종류가 있다. 임진 왜란 이후 왜구에 대항하기 위해 일본에서 받아들여 우리 것으로 다 듬었다.

10) 교전(交戰) : 칼과 칼의 교전법으로 왜검의 기법을 응용하여 온전히 우리 것으로 만들었다. 두 사람이 정해진 약속대로 서로 부딪치며 검 법을 익힌다.

11) 기창(旗槍) : '단창(短槍)'이라고도 한다. 창에 기(旗)를 달아서 사용한 다. 길이가 짧아 근접전에 사용할 수 있다. 호위 또는 의전에 없어서는 안 될 창법으로 깃발의 펄럭임 때문에 그 기법이 활발하고 변화무쌍 해 보인다. 다른 나라에서는 찾아보기 어렵고 조선의 '십팔기'에만 그 운용법이 유일하게 소개되어 있다.

12) 쌍수도(雙手刀) : 긴 칼을 두 손으로 사용하는 검법이다. 왜구들의 검 법을 이해하고 효율적으로 제압하기 위해 조선에서 새로이 개발한 무 예이다.

13) 장창(長槍) : 긴 창을 일컫는다. 모든 무예의 으뜸으로 친다. 먼 거리 에서 상대의 병기를 젖히고 눌러서 제압할 수도 있고 상대의 접근을 막아 반격하기 힘들게 만든다. 긴 것의 이점을 잘 이용하지만 짧게도 사용하는 법을 익힐 수 있다. 말 위에서도 사용한다. 말 위에서 장창을 사용하는 기법을 '기창(騎槍)'이라 한다.

14) 죽장창(竹長槍) : 장창보다도 더욱 길어서 적의 기병이나 성을 공격하 는 데에 유용하다. 대나무 끝에 창날을 단다. 낭선과 더불어 공격과 방 어의 최전방에서 큰 힘을 발휘한다.

15) 당파(鐺鈀) : 흔히 '삼지창'이라고 부르는 조선군의 대표적인 병기이 다. 적군의 긴 칼과 기병을 상대할 때 위력을 발휘했다. 상대의 병기를

걸어 젖히고 찌르고 내려치는 데 효과적이다.

16) 등패(籐牌) : 가느다란 등나무 줄기를 엮어 만든 방패를 말한다. 표창 또는 요도와 함께 사용한다. 적의 무기를 효과적으로 막고 밀고 나가기에 용이하다.

17) 편곤(鞭棍) : 긴 봉자루 끝에 작은 봉을 쇠줄로 연결해서 도리깨처럼 휘둘러 친다. 곤봉과 함께 교전하며, 말 위에서도 위력을 발휘한다. 말 위에서 휘두르는 편곤을 '마상편곤(馬上鞭棍)'이라 한다.

18) 권법(拳法) : 권법만으로는 군사기술이라고 부르기 어렵지만 다른 여러 무예들을 위한 기초 수련으로서 매우 중요시하였다.

조선시대의 민속무예로는 수박, 택견, 수벽치기, 날파름, 비각술 등이 있다. 여기에 대해서 일부 연구자들은 각 명칭이 다름에 따라서 하나하나의 다른 무예들이 있었다고 가정하고 여러 무예들이 동시대적으로 존재하였다거나 혹은 여러 무예들이 명멸하듯이 나타났다가 변형·발전된 것으로 이해하기도 한다. 여기에 대해 수박을 예로 들며 당시에는 오늘날과 같이 격투기법이나 무예를 하나하나 그 기법적 특징에 따라서 구분해서 파악하고 이해할 필요가 없었으므로 당시 사람들의 입장에서 오늘날의 일반명사인 '무예'나 '무술' 혹은 '싸움 기술' 등의 뜻으로 이해해야 한다는 반론도 있다.

조선시대에 생활 민속에서 싸움을 하고 협사검객의 부류에 해당하는 인물들을 가리켜 '왈자'라 하였다. 대표적인 인물로 연암 박지원이 쓴 『발승암기(髮僧菴記)』에 김홍연(金弘淵)이 나온다. 연암의 글에 따르면 김홍연은 무과에 급제한 인물이었고, 능히 손으로 호랑이를 잡고 기생 둘을 끼고 몇 장의 담을 넘을 만큼 힘이 세며 예술 취향까지 있었던 인물이었지만 개성 사람으로서 망국(고려)의 유민이라 출세할 수 없어 벼슬길에 나서지 않았다고 한다.(강명관, 2004) 그 밖에 김양원, 강명관(2004)에 따르면 이런 왈자에 속하는 인물들은 다양했지만 신분에 따라 크게 다음과 같은 네 부류로 나눌 수 있다고 한다.

첫째는 조선시대의 무반으로 양반 중의 왈자이다. 둘째는 기술적 중인으로 북경에 드나드는 역관, 의관과 같은 신분으로서 돈이 많은 사람들이었다. 또한 각사 서리는 당시 서울 중앙관서에 근무하는 경아전이었는데, 경아전은 중인과 함께 조선시대의 대표적인 중간계급이었다. 셋째는 군대의 장교로 각 영문 교련관의 세도하는 중방, 포청 이행군관, 임금의 호위무사인 무예별감 등이다. 넷째는 서울 시전의 상인들과 무과 준비생들이다. 이 중에서도 주로 기술적 중인들과 군대의 장교들이 왈자 집단의 큰 부분을 차지했는데 이들의 특징은 대개 양반도 아니고 상민도 아닌 조선사회의 중간계층이었다고 한다. (강명관, 2004)

이런 왈자들의 행태는 간단히 "주먹을 휘두르고 기방과 술집, 도박판을 쫓아다니는" 것으로 요약할 수 있다. 돈이 많아 무진장 써대는 사람들이었으며 주로 기방에서 기방을 장악하고 도박을 즐기는 민간예능의 주된 향유자였다. 동시에 그들은 "책 읽고 공부하는 그런 세계와는 팔만구천 리나 떨어진 존재"로서 "왈자를 기본적으로 규정하는 것은 무력과 폭력이다. 말이 아니라 주먹이 통하는 세계에 살던 인간인 것이다."(강명관, 2004)

별감 직위의 사람들은 이런 왈자에 속한 사람들 중에서 가장 대표적인 부류에 해당한다. 별감의 임무는 임금과 관계된 것으로서, 임금의 명을 전달하거나 임금을 알현하는 일을 중간에서 대신 전하고, 임금이 사용하는 붓과 벼루를 간수·대령한다. 또한 대궐 관리와 관계된 일도 한다. 온갖 문의 열쇠와 자물쇠를 관리하고 궁궐마당에 설치하는 일을 도맡는다. 주로 문필(文筆)과 관계되는 양반과는 달리 몸을 부려서 하는 육체노동을 하였으나 임금을 가까이서 모시는 일이기에 양반 못지않은 위세를 떨치기도 했다.(강명관, 2004)

별감은 왈자의 한 부류로서, 협객(俠客)이라는 뜻의 유협(遊俠)이라고 불릴 만큼 폭력성을 발산하는 집단이었다. 이들은 기방(妓房)의 주된 고객이었고, 때때로 양반이나 포교 및 포졸들을 폭행하여 사회적으로 문제를 일으키기도 했는데, 또한 사치스럽고 소비적인 생활을 누렸다. 그 복색을 보면 초립에 홍의(紅衣)와 숙초창의를 받쳐 입는 등 화려한 의복을 입고 화사한 장신구까지 차며 사치용 목적의 장도까지 차는 조선시대의 '오렌지족'이었다.

한편 이와 같이 왈자에 속하기도 하고, 스스로 왈자라고 칭하지만 반사회적 집단인 검계[34] 역시 주목할 만하다. 『숙종실록』, 『조야회통』 등의 문헌에서 지속적으로 나타나는 검계(劍契)는 무뢰배들의 집단으로서 '살략계(殺掠契)'[35], '홍동계(鬨動契)' 등의 이름으로도 불리었다. 영조 때 포도대장이었던 장붕익의 전기 『장대장전』에 나타나는 검계의 특징을 살펴보면 낮에는 자고 밤에 돌아다니고, 안에는 비단옷을 입고 겉에는 낡은 옷을 입으며, 맑은 날에는 나막신을 신고 궂은 날에는 가죽신을 신는 등 일상적 행위를 철저히 뒤집으며 기성 사회체제를 위협하는 무뢰배들이었다. 오늘날의 조폭과 유사한 집단이라고 할 수 있다.(강명관, 2004)

---

34 사전은 폭력(暴力) 조직(組織) 또는 노비(奴婢)들의 비밀(祕密) 조직(組織)으로 정의한다. 항상 검을 차고 다니는 폭력조직으로 본다.

35 조선후기 숙종 연간에 사회와 신분에 불만을 품은 무뢰배들이 모여 만든, 주로 양반을 대상으로 상해를 입히거나 재물을 탈취하는 등의 일을 일삼은 조직. (국사편찬위원회)

이와 같이 왈자와 검계가 활개 치던 조선시대에 무관들이 수련하던 수박이라는 무예가 부분적으로나마 민중들에게로 전파되었으리라는 추정도 해볼 수 있다. 왈자들이 기방이나 기타의 장소에서 싸우는 것을 지켜본 사람들이 싸움기술을 흉내 내고 발전시켰을 수 있기 때문이다. 조선시대의 풍속도를 비롯한 다양한 자료들이 그 가능성을 보여주고 있다.

이러한 조선시대의 민속 무예는 수박과 수벽치기, 그리고 택견 등으로 불렸다. 이들 민속 무예는 한두 마디로 특징을 묶어 설명하기 어렵다. 다만 기본적으로 맨손 무예였으며 발차기와 박치기 등에서 타 무예와는 구분되는 특징이 있었다고 이해할 수 있다. 동시에 주먹지르기, 잡아 넘어뜨리기 등의 기법도 포함하는 등, 오늘날의 관점에서 보면 종합적인 격투기법 체계를 포함한 것 같다. 조선시대의 민속 무예는 근본적으로 체계화된 교육체계나 교육기관에 의해서 전승되는 것이 아니라 민속 문화의 형태로, 또한 어느 정도는 무의식적으로 전승되었을 것이다. 어찌 됐든 오늘날의 태권도를 형성하는 맨손 무예의 기법체계들의 많은 부분이 이러한 조선시대의 민속 무예에서 유래하였음은 의심의 여지가 없다.

국방 무예와 민속 무예로 대별해서 이해될 수 있는 조선시대의 무예 중에서 태권도사의 관점에서 우선적으로 중요한 것은 맨손 무예이다. 국방 무예에서나 민속 무예에서나 맨손 무예는 다양한 기록에서 언급되지만 그 이름이 다양하고 일관적이지 않다. 이러한 비일관적이고 다양한 명칭은 당시에 문인(文人) 중심의 사회에서 무예에 대한 관심이 부족하였고, 이에 따라서 기록을 담당했던 문인들이 자의적인 용어를 택하여 기록함에 따른 결과인 것으로 볼 수도 있다. 객관적인 이해를 위해서 각 용어별로 조선시대의 맨손 무예에 대한 기록들을 정리해보면 다음과 같다.

■ 수박 관련 기록

우리의 맨손 무예는 조선초기에는 고려시대 때와 마찬가지로 수박이라고 불리다가 조선 중기 이후로 넘어가면서 그 명칭이 사라지고 대신에 권법(拳法)이라는 이름이 나타난다. 조선시대 문헌에서 수박(手搏)이라는 명칭을 사용한 무예 관련 기록들은 다음과 같이 나타난다.(국기원, 2010, 3급 지도자)

사서에 기록된 수박

사료 구분		내용
조선왕조실록	수박의 명칭	수박(手搏), 수박희(手搏戱), 수박(手拍) 등
	기록 시대	17회: 1410년(태종 10년)부터 1467(세조 13년)까지
그밖의 문헌	용재총화	1525년에 성현이 지음.
	신증동국여지승람	1530년에 간행됨
	재물보	1798년(정조22년)에 이만영이 편찬.

『태종실록』권32 태종 16년(1416) 7월 1일(庚寅) : 임금이 상왕(上王)을 경회루(慶會樓)에서 받들어 맞이하여 헌수(獻壽)하고 노래 부르고 화답하여 지극히 즐기었으니, 상왕의 탄신(誕辰)인 때문이었다. 세자(世子)와 여러 종친(宗親)이 모두 시연(侍宴)하였다. 이어서 입직(入直)한 대소신료(大小臣僚)에게 술을 주고 갑사(甲士)와 방패군(防牌軍)으로 하여금 막대[挺]로 각투(角鬪)하게 하고 또 수박희(手搏戱)를 하게 하고 이를 구

경하였다.

『태종실록』 권32 태종 16년(1416) 7월 18일(丁未) : 경복궁(景福宮)에 거둥하여 상왕(上王)을 봉영(奉迎)하여 경회루(慶會樓)에서 술자리를 베풀었는데, 세자·종친이 시연(侍宴)하였다. 갑사(甲士)와 방패(防牌)로 하여금 막대기[挺]를 가지고 서로 싸워 방패가 이기지 못하였고, 또 혹은 수박(手搏)하고 혹은 경주[爭走]하고, 혹은 말 타고 쏘도록 명하여 능하고 능하지 못한 것을 보아서 정포(正布)·면포(綿布)·저화(楮貨)로 차등(差等) 있게 상주었다.

『태종실록』 권32 태종 16년(1416) 8월 3일(壬戌) : 경복궁(景福宮)에 거둥하여 상왕(上王)을 봉영(奉迎)하여 경회루(慶會樓)에 술자리를 베풀었는데, 세자와 종친이 시연(侍宴)하였다. 갑사(甲士)와 방패군(防牌軍) 중에 힘이 있는 자를 모집하여 수박희(手搏戱)를 하게 하여 사직(司直) 윤인부(尹仁富)에게 쌀·콩 각각 5석을 주었으니, 수박(手搏)을 잘하였기 때문이었다.

『태종실록』 권32 태종 16년(1416) 8월 17일(丙子) : 정전(正殿)에 나아가 문무과의 방(榜)을 내걸었다. (중략) 윤인부(尹仁富)를 호군(護軍)으로 삼았으니, 수박(手搏)을 잘하므로 상준 것이다.

『태종실록』 권34 태종 17년(1417) 7월 1일(甲寅) : 임금이 경복궁(景福宮)에 가서 상왕(上王)을 봉영(奉迎)하고 경회루(慶會樓)에서 헌수하니, 세자와 여러 종친이 시연(侍宴)하였다. 어가를 따른 대소 신료에게 술을 주었다. 장사(壯士)를 뽑아서 수박희(手搏戱)를 구경하고 지극히 즐기다가 파하였으니, 상왕의 탄신인 때문이었다. 전지(傳旨)하기를, "정조사(正朝使)의 근수(根隨)로서 장사하던 사람이 죄를 입은 연고를 내게 고하지 않고 상왕의 가전(駕前)에 호소하였으니 정상과 법에 죄주어야 하겠으나, 오늘은 상왕의 탄신이니 특별히 상왕을 위하여 이를 용서한다"하고, 인하여 관가에 몰수한 단필(段匹)을 돌려주라고 명하였다.

『세종실록』권4 세종 1년(1419) 6월 20일(癸巳) : 노상왕이 모화루로 피서하니, 상왕과 임금이 나아가 문안하였다. 미리 장사(壯士)를 뽑아 모화루 아래에 수박희(手搏戲)를 시키고 관람하였는데, 해연(海衍)이라는 중이 힘이 세어 여러 사람에 뛰어나니, 명하여 머리를 길러 환속(還俗)하게 하고 목면(木綿) 1필을 하사하였다. 진무(鎭撫) 김윤수(金允壽)가 8인을 이기니, 또한 상을 주고 이에 잔치하니, 대군(大君)과 2품 이상은 시연(侍宴)하고, 임금이 노상왕에 헌수(獻壽)하니, 상왕이 말하기를, "형제가 이와 같이 있으니, 주상은 다른 염려에 수고하지 말라"하고, 각각 차례로 술잔을 드려 극진히 즐겨하고, 날이 저문 뒤에 환궁하였다.

『세종실록』권4 세종 1년(1419) 7월 1일(甲辰) : 노상왕의 탄일(誕日)이므로, 상왕이 임금과 더불어 노상왕에게 청하여, 경복궁에 행차하였다가 경회루에 나아가니, 미리 수박(手搏)을 잘하는 자 50여 명을 뽑았다가, 누하(樓下)에서 승부를 겨루는 것을 관람하게 하니, 갑사(甲士) 최중기(崔仲奇)가 6사람을 이겼으므로, 정포(正布) 3필을 하사하고, 한유(韓宥)는 4사람을 이기매, 정포 2필을 하사하였다. 끝난 뒤에 헌수하니, 종친 및 병조 당상·대언 등이 잔치에 시연하여, 각각 차례로 술잔을 돌리고, 여러 신하들에게 명하여 연귀(聯句)를 짓게 하였다. 또 명하여 번갈아 춤추게 하니, 양위 상왕도 또한 일어나 춤추었다. 날이 저물어서 파하였다.

『세종실록』권12 세종 3년(1421) 5월 18일(己卯) : 임금이 상왕을 모시고 낙천정(樂天亭)에 거둥하여, 오위(五衛)의 진(陣)을 크게 열병(閱兵)하였다. 이보다 앞서, 상왕이 참찬 변계량에게 명하여, 옛날의 제도를 상고하여 진법(陣法)을 이룩하게 하고, 임금이 대궐 안에서 또 그린 진법(陣法) 한 축(軸)을 내어 주니, 변계량이 참고해서 연구하여 오진법(五陣法)을 만들어 올리므로, 훈련관(訓鍊觀)으로 하여금 이 진법에 의거하여 교습(敎習)하게 하더니, 이때에 와서 삼군(三軍)이 변하여 오진(五陣)이 되었으나, 차례로 잃은 병졸이 없었다. 이미 열병(閱兵)을 하고 나서, 인하여 손으로 서로 치는 놀이[手拍戲]를 보고, 술잔치를 베풀고 풍악을 연주하여 삼군(三軍)의 장수를 위로하는데, 종친·부마·의정부 당상 이화영·연사종·조말생·김익정 등이 잔치에 배석(陪席)하였다.

『세종실록』권51 세종 13년(1431) 3월 28일(壬辰) : 경회루(慶會樓) 북쪽에 나아가 종친들의 활 쏘는 것과 역사(力士)의 수박희(手拍戲)를 관람하였다.

『세종실록』권102 세종 25년(1443) 11월 2일(癸丑) : 의정부에서 병조의 첩정에 의거하여 아뢰기를, "대소의 행행(行幸) 때에 시위하는 보갑사(步甲士)를 항상 미리 가려 뽑지 않고 매양 임시하여 채워서 정하기 때문에, 체모(體貌)의 장단(長短)이 한결같지 않고 또한 몸이 약하고 잔열하여 우러러보기에 합당하지 않은 자가 섞여 있어, 근시(近侍)의 군용(軍容)이 정제(整齊)되지 않고 있습니다. 또『육전(六典)』에 기병(騎兵)과 보병(步兵)이 본래 구별되어 있는데도, 이제 기병과 보병을 먼저 나누지 않고 기병으로 졸지에 보병의 임무를 정하게 하니 대체에 합하지 않습니다. 삼가 『육전』을 상고하건대, 이르기를, '갑옷을 입고 창을 잡고 능히 3백 보(步)를 달리는 자가 상등이고, 2백 보를 달리는 자가 중등이며, 또 수박(手搏)의 기능이 능히 네 사람을 이기는 자가 상등이고, 세 사람을 이기는 자가 중등이 된다.' 하였으나, 신장(身長)도 시험하지 않고 또 사어(射御)의 능하고 능하지 않은 것도 시험하지 않고서 한결같이 주력(走力)만으로 시험하여 취함은 타당하지 못하니, 청하건대, 『육전』의 보갑사(步甲士) 취재(取才)의 법에 의하여 조금 증손(增損)을 가하되, 신장이 8척 1촌 이상인 장용인(壯勇人)을 가려서 보사(步射)에는 1백 80보로 쏘아 세 화살 중에 두 화살을 맞힌 자와, 기사(騎射)에는 세 번을 쏘아 한 번 이상 맞힌 자와, 또 1백 근의 무거운 물건을 들고 능히 3백 보를 달리는 자를 시험하여 6백 인을 뽑아서, 정한 액수를 만들고는 갑사를 6번(番)으로 나누어 붙이게 하소서"하니, 그대로 따랐다.

『단종실록』 권14 단종 3년(1455) 6월 19일(癸巳) : 서교(西郊)에서 농사를 구경하고, 길가의 농민에게 모두 술과 밥을 내려 주었다. 희우정(喜雨亭)에 이르러 수전(水戰)을 연습하는 것을 보고, 또 시위 군사(侍衛軍士)로 하여금 수박희(手搏戲)를 하게 하고 상(賞)을 차등 있게 주었다.

『세조실록』 권9 세조 3년(1457) 9월 16일(丁丑) : 의금부에서 아뢰기를, "중 혜명(惠明)이 중 의전(義田)을 고발하기를, '의전이 송경(宋經) 등 89인의 이름을 기록한 글을 가지고 와서 보였으며, 또 말하기를, 「장차 다시 민신(閔伸)의 난(亂, 825) 이 있을 것이다. 지금 가뭄이 심하여 상왕(上王)을 세우려는 자가 있다.」고 하였습니다. 또 최한량(崔旱兩)·의전(義田) 등이 말하기를, 「가뭄이 너무 심한데, 상왕이 왕위에 오르면 벼

농사가 무성하게 되리라.」고 하였으며, 또 담양(潭陽) 향리(鄕吏)와 관노(官奴) 등은 「나라에서 수박(手搏)으로써 시재(試才)한다는 말을 듣고는 다투어 서로 모여서 수박희(手搏戱)를 하면서 몰래 용사(勇士)들을 뽑았습니다.」고 하였습니다. 혜명이 본시 최한량·의전과 틈이 있었는데, 큰일을 일으키려고 꾀하였다는 거짓말을 꾸며 와서 고(告)하였으니 그 죄는 능지처사(凌遲處死)에 재산을 적몰(籍沒)하는 데 해당하고, 그 형인 중 해첨(海簷)은 공신(功臣)에게 주어 종으로 삼게 하소서" 하니, 명하여 혜명은 참형(斬刑)에 처하고 해첨은 연좌(連坐)하지 말게 하였다.

『세조실록』권17 세조 5년(1459) 9월 29일(戊申) : 모화관(慕華館)에 거둥하니, 왕세자(王世子) 및 종친(宗親)·재추(宰樞)가 어가(御駕)를 수행(隨行)하였다. 임금이 종친(宗親)·재추(宰樞)·겸사복(兼司僕)·내금위(內禁衛)로 하여금 사후(射侯)하도록 했는데, 신종정(新宗正) 이효백(李孝伯)과 최적(崔適)이 활을 잘 쏘았으므로 각기 1계급을 승진시켰다. 갑을창(甲乙槍)·방포(放砲)·사모구(射毛毬)·수박희(手搏戱)를 구경하였다. 야인(野人) 유상동합(柳尙冬哈) 등 3인을 인견하고, 유상동합에게 의복 및 안장을 갖춘 말[鞍具馬]·도자(刀子)·궁시(弓矢)를 내려 주고, 어치거(於致巨)·소응대(所應大) 등에게 홍사대(紅絲帶)·도자(刀子)·채낭(綵囊)·약물(藥物)을 내려 주고, 시위(侍衛)한 군사에게는 술을 내려 주었다.

『세조실록』권33 세조 10년(1464) 5월 19일(辛未) : 처음에 충청도(忠淸道) 진천현(鎭川縣) 굴암사(崛庵寺)의 중 성경(省冏) 등이 관(官)에 고(告)하기를, "중 처의(處義)·요여(了如)가 상혜(尙惠)와 더불어 수박희(手搏戱) 놀이를 하다가 인하여 도끼·낫으로 상혜를 죽였는데, 현감(縣監)

남척(南倜)이 그 정적(情跡)을 자세히 살펴보지 아니하고, 처의·요여의 공사(供辭)에 의거하여 살인(殺人)으로 단정하였습니다"하였었다.

『세조실록』권34 세조 10년(1464) 8월 1일(壬午) : 야인(野人)은 매양 기병(騎兵)을 매복(埋伏)하였다가 바야흐로 싸울 때 크게 부르짖으면서 충돌(衝突)하는데, 이때에 진(陣)이 이 때문에 요동(搖動)합니다. 신(臣)이 오인(吳璘)의 첩진법(疊陣法)을 보니, 매양 싸울 때 장창(長槍)을 앞에 두었으며 우리 태조(太祖)께서 왜구(倭寇)를 칠 때에도 또한 장창(長槍)으로 결진(結陣)하였으니, 빌건대 지금 진(陣)을 설치할 때 팽배(彭湃)를 앞에 두게 하고 다음에 장창(長槍)을 두고 다음에 총통(銃筒)을 두어서 적(賊)으로 하여금 말을 달려 충돌(衝突)할 수 없게 하소서.

『세조실록』권43 세조 13년(1467) 7월 14일(丁丑) : 승정원(承政院)에서 교지(敎旨)를 받들어 (중략) 여러 도의 관찰사(觀察使)에게 치서(馳書)하기를, "여러 고을에 거주(居住)하는 사람들 가운데 혹시 달리기를 잘 하거나, 혹시 힘이 있거나, 혹시 수박(手搏)을 잘 하거나, 한 가지 재주라도 취할 만한 것이 있는 자는 양천(良賤)을 논(論)하지 말고, 관에서 양식을 주어서 사람을 임명하여 압송(押送)하되, 삼가 지체시키지 말라"하였다.

『신증동국여지승람(新增東國輿地勝覽)』권34 여산군 산천조 작지(鵲旨) : 군의 북쪽 12리에 있는데, 충청도 은진현(恩津縣)의 경계이다. 해마다 7월 15일에 가까운 양도(兩道 전라도 충청도)의 백성들이 모여 수박(手搏)으로[36] 승부를 다툰다.

---

36 한국고전번역원은 '씨름[手搏]으로 승부를 다툰다'고 번역하였다. 이웃한 백성들의 겨루기로는

■ 권법 관련 기록

『선조실록』 권50 선조 27년 4월 24일(壬申) : 상이 이르기를, "내가 일찍이 사람들에게 빨리 달리기를 가르치라고 전교하였었다. 『기효신서(紀效新書)』에도 그러한 기록이 있고 옛 사람들도 모래를 메고 달리기도 하였는데 그것은 바로 혈기(血氣)를 강하게 하기 위함이다"하니, 덕형이 아뢰기를, "중국군은 권투(拳鬪)라는 놀이가 있어 어깨와 무릎을 쉴 사이 없이 움직이고 있었습니다"하고, 충겸은 아뢰기를, "이 제독(李提督)은 수시로 자기 형제들과 축국(蹴鞠)을 하였다고 합니다"하였다. 상이 이르기를, "중국 장관(將官)들은 제각기 각종의 기예를 익히고 있다. 그런데 우리나라 사람들은 성격이 느슨하여 팔짱을 낀 채 아무 것도 하려 들지 않으니 이 역시 습속(習俗)이 그렇게 만든 것이다."

『선조실록』 권112 선조 32년 윤4월 4일(壬午) : 상이 별전에 나아가 두 부사(杜副使)를 접견하였다. 부사가 말하기를, "저의 부하들이 권법(拳法)을 잘하는데 왕께서 한번 관람하시겠습니까?"하니, 상이 승지를 돌아보며 이르기를, "권법은 『기효신서』에 실려 있는데 이 또한 무예 가운데 한 가지이니, 보아야 할 듯하다"하였다. 최천건(崔天健)이 아뢰기를, "상께서 보시기에는 마땅치 않을 듯합니다"하고, 이홍로(李弘老)가 아뢰기를, "이 대인(大人)은 다른 대인에 비할 바가 아닙니다. 기왕 보시기를 청했으니 별로 나쁠 것이 없을 듯합니다"하니, 상이 이르기를, "감당하지

씨름이 타격 무술보다 어울릴 수도 있다.

못하겠다고 답하라."하였다. 부사가 말하기를, "그렇다면 관람하고 싶지 않으시다는 말씀입니까? 이것은 그냥 하는 일이 아니고 역시 왜노를 죽이는 일 중의 하나입니다"하니, 상이 말하기를, "대인의 말씀대로 하겠습니다"하였다. 부사가 용사 몇 사람으로 하여금 뜰 가운데 백마를 세우고 몸을 솟구쳐 뛰어오르게 했는데, 그 빠르기가 나는 듯하였다. 또 주먹을 치며 재주를 부리는데 마치 원숭이의 모양과 같았다.

『선조실록』 권124 선조 33년 4월 14일(丁亥) : 비망기로 정원에 전교하기를, "어제 중국군들의 진 친 곳을 보았는데 그 중의 한 부대는 모두 나무 몽둥이[木棍]를 갖고 있었다. 언젠가 중국 조정의 말을 들었는데 나무 몽둥이로 치는 기술이 긴 창이나 칼을 쓰는 것보다 낫다고 하였으니, 그 기술을 익히지 않을 수 없다. 또 권법(拳法)은 용맹을 익히는 무예인데, 어린 아이들로 하여금 이를 배우게 한다면 마을의 아이들이 서로 본받아 연습하여 놀이로 삼을 터이니 뒷날 도움이 될 것이다. 이 두 가지 무예를 익힐 아동을 뽑아서 종전대로 이 중군(李中軍)에게 전습(傳習)받게 할 것을 훈련도감에 이르라"하였다. 인하여 『기효신서』 가운데 나무 몽둥이와 권법에 관한 두 그림에 찌를 붙여 내리면서 이르기를, "이 법을 훈련도감에 보이라"하였다.

『선조실록』 권182 선조 37년 12월 16일(辛酉) : 훈련도감이 아뢰기를, "전일 내하(內下)하신 『기효신서』 8책, 『연병실기(鍊兵實紀)』 9책, 『왜정비람(倭情備覽)』 1책, 도합 18책 가운데 『왜정비람』은 전서(傳書)한 뒤 도로 들여보내라고 전교하셨습니다. (중략) 수정한 『조련도식(操鍊圖式)』 1책과 찬차(撰次)한 『권보(拳譜)』 1책도 올렸습니다. 당초 『조련도식』및『무예제보(武藝諸譜)』를 찬정(撰定)할 적에는 소루한 곳이 있었습니다. 그런데 이제 내하하신『기효신서』를 보건대 기(旗)를 쓰는 절차와 작전하는 법이 상당히 완비된 듯싶고 또 권도(拳圖)를 권말(卷末)에 추가해 넣었으므로 즉시 한교(韓嶠)로 하여금『조련도식』가운데 미비한 곳은 이에 의거하여 수정케 하고 기를 쓰는 절차와 수성(守城)·조련 및 기타 조항들도 함께 그 속에 더 써넣도록 하는 한편『권보』도 이에 의거해서 찬정토록 하였습니다. (중략)『연병실기』를 우선 인출하고『기효신서』및『조련도식』과『권보』도 인출하는 것이 어떠하겠습니까?"하니, 전교하기를, "윤허한다. 도감의 일이 근래 해이해졌으니 다시 마음을 다해 교련시키라"하였다.

『인조실록』권21 인조 7년 8월 8일(庚申) : 상이 숭정문(崇政門)에 거둥하여 종실(宗室) 및 문무관의 무재(武才)를 시험하였는데, 둘씩 짝을 지어 나아가 활을 쏘았다. 이를 마친 다음에 포수(砲手)의 대오를 나눈 뒤 먼저 검법(劍法)의 시범을 보고 방패(防牌)·언월도(偃月刀)·권법(拳法)의 순으로 각각 재주를 발휘하게 하였다. 수석을 차지한 종실 귀흥도정(龜興都正) 이섬(李暹)과 문신 유여항(柳汝恒), 무신 박심(朴深)에게 모두 가자(加資)할 것을 명하고, 나머지 사람에게도 차등 있게 상을 내렸다.

『현종실록』권16 현종 10년 3월 6일(己亥) : 상이 연일 관무재를 하면서도 싫증내지 않았다. 권법(拳法)이나 채찍 곤봉 같은 것은 마치 아이들의 놀이 같은데 어좌(御座)의 가까운 곳에서 시험하여 보고 듣는 자들이 매우 놀라워했다. 장전(帳殿)의 좌변에 높은 누각이 하나 있어 울타리를 치고 장막으로 둘렀는데, 사람들이 모두 안에서 구경하는 것이라고 하였다. 응교 남이성(南二星) 등이 차자를 올려 간언하니, 상이 기분나빠하며 일어나 들어갔다. 정태화가 허적에게 이르기를, "옥당이 차자로 간하는데 우리들이 주상을 모시고 온종일 시재(試才)하는 것은 온당하지 못하다"하였다. 얼마 후 상이 유의하겠다고 답하였다.

『정조실록』 권28 정조 13년 10월 7일(己未) 어제 장헌 대왕 지문 : 이 해에 훈국(訓局)에 『무기신식(武技新式)』을 반포하였다. 『궁중기문』을 살펴보면, 세자는 유년 시절부터 지도(志度)가 이미 뛰어나 놀이를 할 때면 반드시 병위(兵威)를 진설하곤 하였다. 상이 시험 삼아 그의 소질을 떠보려고 물어보면 조목조목 대답을 해내곤 하였는데 매우 상세하였다. 일체의 행동거지와 임기응변하는 방도를 모두 손으로 그리고 입으로 대면서 혹시라도 어긋나는 경우가 없었다. 뿐만 아니라 병가(兵家)의 서적을 즐겨 읽어, 속임수와 정당한 수법을 적절하게 변화시키는 묘리(妙理)를 은연중에 정통하지 않은 것이 없었다. 효묘(孝廟)께서 일찍이 무예를 좋아하여 한가한 날이면 북원(北苑)에 납시어 말을 달리며 무예를 시험하곤 하였는데, 그때에 쓰던 청룡도(靑龍刀)와 쇠로 주조한 큰 몽둥이가 여태껏 저승전(儲承殿)에 있었다. 그것을 힘깨나 쓰는 무사들도 움직이지 못하였건만, 세자는 15, 16세부터 벌써 모두 들어서 썼다. 또 활쏘기와 말타기를 잘하여 화살을 손에 쥐고 과녁을 쏘면 반드시 목표를 정확히 맞혔으며, 고삐를 잡으면 나는 듯이 능숙하게 말을 몰았고, 사나운 말도 잘 다루었다. 그러자 궁중에서 서로들 말하기를 '풍원군(豊原君)이 연석(筵席)에서 효묘(孝廟)를 빼닮았다고 한 말에는 과연 선견지명이 있었다.'고 하였다. 이때 장신(將臣)들이 무예에 익숙하지 못한 것을 걱정하여, 책 하나를 엮어 이름을 『무기신식(武技新式)』이라고 달아 반포하였다. 이는 대체로 척계광(戚繼光)의 책에 실려 전하는 무예가 단지 여섯 가지 기예 뿐으로서 곤봉(棍捧)·등패(籐牌)·낭선(狼筅)·장창(長槍)·당파(鐺鈀)·쌍수도(雙手刀)인데, 연습하는 규정에 그 방법이 대부분 잘못되었으므로, 옛책을 가지고 모조리 고증하여 바로잡았다. 또 죽장창(竹長槍)·기창(旗槍)·예도(銳刀)·왜검(倭劍)·교전 월도(交戰月刀)·협도(挾刀)·쌍검(雙劍)·제독검(提督劍)·본국검(本國劍)·권법(拳法)·편곤(鞭棍) 등 열두 가지 무예를 새로 만들어 도식을 그려가지고, 찌르고 치는 자세를 보여주었다. 이 책을 전서(全書)로 편찬하여 훈국(訓局)에 주어 연습하게 하였다.

『정조실록』권30 정조 14년 4월 29일(己卯) : 『무예도보통지(武藝圖譜通志)』가 완성되었다. 무예에 관한 여러 가지 책에 실린 곤봉(棍棒), 등패(藤牌), 낭선(狼筅), 장창(長槍), 당파(鐺鈀), 쌍수도(雙手刀) 등 여섯 가지 기예는 척계광(戚繼光)의 『기효신서』에 나왔는데, 선묘(宣廟) 때 훈련도감 낭청 한교(韓嶠)에게 명하여 우리나라에 출정한 중국 장수들에게 두루 물어 찬보(撰譜)를 만들어 출간하였고, 영종(英宗) 기사년에 장헌세자(莊獻世子)가 모든 정사를 대리하던 중 기묘년에 명하여 죽장창(竹長鎗), 기창(旗鎗), 예도(銳刀), 왜검(倭劍), 교전(交戰), 월협도(月挾刀), 쌍검(雙劍), 제독검(提督劍), 본국검(本國劍), 권법(拳法), 편(鞭), 곤(棍) 등 12가지 기예를 더 넣어 도해(圖解)로 엮어 새로 『신보(新譜)』를 만들었고, 상이 즉위하자 명하여 기창(騎槍), 마상월도(馬上月刀), 마상쌍검(馬上雙劍), 마상편곤(馬上鞭棍) 등 4가지 기예를 더 넣고 또 격구(擊毬), 마상재

(馬上才)를 덧붙여 모두 24가지 기예가 되었는데, 검서관(檢書官) 이덕무(李德懋)·박제가(朴齊家)에게 명하여 장용영(壯勇營)에 사무국을 설치하고 자세히 상고하여 편찬하게 하는 동시에, 주해를 붙이고 모든 잘잘못에 대해서도 논단을 붙이게 했다. 이어 장용영(壯勇營) 초관(哨官) 백동수(白東脩)에게 명하여 기예를 살펴 시험해 본 뒤에 간행하는 일을 감독하게 하였다. 그 차례는 열성조가 군문을 설치하고 편찬한 병서(兵書)와 궁중 후원에서 시험을 거친 『연경월위(年經月緯)』등을 널리 상고하여 사항에 따라 순차로 배열한 뒤에 『병기총서(兵技摠敍)』라는 명칭을 붙여 첫머리에 싣고, 다음에는 척계광(戚繼光)과 모원의(茅元儀)의 약전(略傳)인 『척모사실(戚茅事實)』을 싣고, 다음은 한교(韓嶠)가 편찬한 『기예질의(技藝質疑)』를 실었다. 이어 한교가 훈련도감에서 일한 경위를 그의 견해와 합쳐 『질의』밑에 실었다. 다음에는 인용한 서목을 넣었고, 다음은 24가지 기예에 대한 해설과 유래와 그림이 있고, 다음에는 모자와 복장에 대한 그림과 설명을 붙였다. 또 각 군영의 기예를 익히는 것이 같지 않기 때문에 고이표(考異表)를 만들어 그 끝에 붙이고 또 언해(諺解) 1권이 있어서 책은 모두 5책인데 어제서(御製序)를 권두(卷頭)에 붙였다. 이때에 이르러 장용영에서 인쇄하여 올리고 각 군영에 반포한 다음 또 1건은 서원군(西原君) 한교(韓嶠)의 봉사손(奉祀孫)에게 보냈다.

『속대전(續大典)』병전(兵典) 시취조(試取條) 살수(殺手) 중일(中日) : 살수(殺手) 월도(月刀) 쌍검(雙劍) 제독검(提督劍) 평검(平劍) 권법(拳法), 살수 중일 점수가 초월한 경우에는 겸사복시의 부료(付料)로 한다. 예 월도·쌍검·제독검·평검·권법 1예로 한다.

『무예도보통지』권4 권법조 : 척계광이 이르기를 권법은 흡사 큰 싸움의 기예로는 예비한 것이 없는 것 같다. 그러나 수족의 호라동과 지체의 부지런히 하는 버릇은 처음 (무예를) 배우는 사람들의 입예의 문이 된다. 모원의가 말하기를 점획을 안 후에 팔법을 가르칠 수 있다. 안장에 의거하여 지내는 것을 안 후에 말타고 달리는 것을 가르칠 수 있다 했으니 권도 이렇다고 말하겠다. 무편에 이르기를 주먹(拳)에 기세가 있는 자는 변화가 될 수 있다. 가로지르고 측면에 일어서고 달리고 엎디고 하는 것이 모두 담장과 지게에서 있으니 지킬 수도 있고 공격할 수도 있다. 이 때문에 세라 이른다. 주먹에는 정세가 있으나 쓸 때는 정세가 없이 그저 쓰는 것이다. 변화도 정세가 없으나 실로 세를 잃음이 아니다. 한서에 애제기를 찬하는 글에 "때에 변(卞)과 활쏘기와 무희(武戲)를 관람하였다"고 하고 주(注)에 수박은 변이라고 하고 힘을 겨루는 것으로서 무희이다라고 하였다. 당송 이래로 그 술법에는 둘이 있는데 하나는 외가요, 하나는 내가다. 외가는 곧 소림이 성하였다. 내가는 곧 장송계가 정통이다. 송계의 사손 십삼노가 있다. 그 법을 일으킨 것은 송의 장삼봉이다.

택견은 오늘날의 태권도와 직접적으로 역사적 연관성이 있을 가능성이 크다. 택견이 얼마나 오랜 역사를 가진 무예인지는 충분히 밝혀지지 않았다. 적어도 조선 후기부터 지금까지 이어온 무예로서 한국 무예로서 특징이 뚜렷하다는 점은 분명하다. 택견의 역사를 추리할 수 있는 사료는 다음과 같다. 첫째 혜원 신윤복의 「대쾌도(大快圖)」[37], 둘째 이만영의 『재물보(才物譜)』(1798) 기사[38], 셋째 김원모와 정성길(1986)이 가톨릭출판사에서 펴낸 『사진으로 본 100년 전의 한국: 근대한국(1871~1910)』 240쪽에 나오는 제401 사진(1890년의 작품)[39], 넷째 미국 펜실베이니아대학의 고고학박물관장 스튜어트 컬린(Stewart Culin, 1858~1929)이 쓴 『한국의 놀이—유사한 중국, 일본 놀이와 관련해』(1895)의 'TAIK-KYEN-HA-KI' 기사[40], 다섯째 최영년의 『해동죽지』(1925) 기사, 여섯째 송덕기의 인터뷰 등이다.

1) 신윤복의 「대쾌도(大快圖)」: 씨름과 함께 택견을 하는 조선시대의 문화를 볼 수 있다. 택견의 겨루기 자세는 오늘날의 태권도의 겨루기 자세와 흡사하다.

2) 『해동죽지』의 기사 : "예로부터 내려오는 풍속에 발기술이 있었는데, 서로 마주하고 서서 서로 발로 차서 넘어뜨리는 기술로서 여기에는 세 가지 법이 있었다. 제일 서투른 사람은 그 다리를 차고, 그 다음에

---

37 혜원(蕙園) 신윤복(申潤福)이 1785년에 그린 원본을 조선 후기의 화가 혜산(蕙山) 유숙(劉淑)이 모사한 그림으로 알려져 있다.

38 "卞-手搏爲卞 角力爲武 若今之탁견." "변-수박'은 '변'이고 '각력'은 '무'이다. 지금의 '탁견'과 같다"라고 풀이된다.

39 『寫眞으로 본 百年前의 韓國: 近代韓國(1871~1910)』

40 원제는 『Korean Games—With Notes on the Corresponding Games of China and Japan』이다. 스튜어트 컬린이 중국과 일본을 포함해 한국의 놀이를 소개한 책. 1895년에 500부 한정판으로 출판했다. 윷놀이, 장기, 바둑, 공기놀이 등 현재까지 전해지는 놀이도 있지만 '스라미', '죽방울', '무등', '거미줄채' 등 대부분은 이제 그 흔적을 찾기도 힘든 전통놀이들이다. 모두 아흔일곱 가지 한국 전통놀이를 삽화와 함께 소개하고 있다. (『민속놀이 풍물지』, 한국콘텐츠진흥원)

잘하는 사람은 그 어깨를 차며, 나는 다리의 기술을 가진 고수는 상투를 차서 떨어뜨린다. 이들은 이 기술로써 원수를 갚기도 하고 혹은 사랑하는 여자를 뺏는 내기도 하였다. 법관에서 이것을 금하여서 그 이후 지금은 이 놀이가 없어졌다. 이것을 이름하여 택견이라 한다."[41]

3) 김원모·정성길(1986).『사진으로 본 100년 전의 한국: 근대한국 (1871~1910)』240쪽 제401사진

4) 『한국의 놀이—유사한 중국, 일본 놀이와 관련해』의 기사 : 택견하기는 두 사람이 주로 발을 이용하여 겨루는 경기이다. 두 사람은 서로 마주 본 상태에서 발을 벌리고 서서 상대방의 다리를 밑에서부터 올려 차려고 노력한다. 경기자는 두 발 중 한 발을 한 걸음 뒤의 제3의 지점에 갖다 놓을 수 있다. 그러므로 그의 다리는 항상 고정된 세 점의 한 점을 딛게 된다. 한 사람이 먼저 상대방의 두 다리 중 하나를 걸어차는 것을 시작으로 겨루게 된다. 그는 그 다리를 뒤로 물리고 다음엔 연이어 다른 발을 찬다. 높게 차는 것도 허용되며, 찬 다리를 양손으로 잡기도 한다. 그 목적은 상대방을 넘어뜨리는 것이다.[42]

---

41 최영년, 『해동죽지』(1925). 원문은 다음과 같다. "舊俗有脚術, 相對而立, 相互蹴倒有三法, 最下者, 蹴其腿, 善者, 托其肩, 有飛脚術者, 落其髻, 以此或報仇, 或賭奪愛姬, 自法官禁之, 今無是戲. 名之曰, 托肩."

42 원문은 다음과 같다. 'TAIK-KYEN-HA-KI : kicking(Fr. Sabate) Taik-kyen-ha-ki is a combat between two players, chiefly with the feet. They take their positions with their feet apart, facing each other, and each endeavors to kick the other's foot from under him. A player may take one step backward with either foot to a third place. His feet, therefore, always stand in one of three positions. One leads with a kick at one of his opponent's legs. He moves that leg back and kicks in turn. A high kick is permitted, and

5) 그 밖의 민속 무예 관련 자료

㉮「평안감사향연도」중 '부벽루 연회도'에서의 아이들 싸움 모습 : 부벽루 연회도는 김홍도(金弘道, 1745~1806?)가 그린 풍속도이다. 이 그림 속에서 아이들이 싸우는 모습을 볼 수 있다. 아이들은 발길질을 하며 다투고 있는데, 이 모습을 무예 경기나 실전 무예로 볼 근거는 물론 없다. 그러나 싸움을 하는 데 발을 사용하는 행위는 중요한 문화현상의 하나로 볼 수도 있다. 대체로 서양인들은 싸움을 할 때 발길질을 하지 않으며 권투를 하듯 주먹으로 완력을 겨룬다. 발차기는 금기에 가깝다. 메이저리그에서 활약한 한국의 투수 박찬호가 경기 도중 시비가 벌어져 상대 팀 선수와 다툴 때 발길질을 했다가 큰 비난을 받은 사례도 있다.[43]

㉯ 조선후기「백동자도」에 표현된 맨손 무예의 모습 :「백동자도」는 원래 아들의 출산과 자손의 번창을 기원하는 뜻에서 어린이들이 노는 모습을 그린 일종의 민화이다. 그러던 것이 조선시대에 들어오면서 어린이 풍속화로 변하였으며, 그 속에 제기차기, 술래잡기, 전쟁놀이, 수박희 등의 모습들도 함께 담게 되었다. 조선 후기의「백동자도」에 나오는 그림에서도 대쾌도와 마찬가지로 씨름을 하는 모습과 함께 발로 차

---

is caught with the hands. The object is to throw the opponent.'

43 박찬호는 LA 다저스에서 활약하던 1999년 6월 5일 애너하임 에인절스와의 경기 도중 타자로 타석에 섰다가 상대 팀 선발투수 팀 벨처에게 발차기를 했다. 박찬호는 "땅볼을 치고 1루로 가는데 벨처가 강하게 글러브로 태그를 했다. 게다가 인종차별적인 발언까지 했다"고 이유를 설명했다. 감정이 격해진 박찬호는 그대로 뛰어올라 벨처에게 발차기를 날렸다. 그러자 양 팀 선수들이 그라운드로 쏟아져 나왔다. 당시 박찬호의 발차기는 2009년 미국의 ESPN이 선정한 'MLB 역대 난투극 9장면' 가운데 6위에 오르기도 했다. 미국의 스포츠전문지 블리처리포트는 2011년 7월 18일 '메이저리그 역사상 가장 용서할 수 없는 행동 50'을 선정하며 박찬호의 발차기를 44위에 올렸다.

고 주먹으로 가격하는 모습을 볼 수 있다. 아이들의 다툼을 무예 겨루기로 보기는 어렵지만 현대의 길거리 싸움에서도 당대에 유통되는 무예의 기법이 활용되는 사실을 외면할 수는 없다.

㉴ 호러스 앨런이 『한국의 문물(Things Korean)』에 기록한 싸움 : 호러스 뉴턴 앨런(Horace Newton Allen, 1858~1932)은[44] 한국에 머무를 때 목격한 싸움을 다음과 같이 기록하고 있다. '어느 날 하루는 말을 타고 길을 가는데 우뚝 솟은 어느 집 앞에서 두 사람이 말다툼을 하고 있었다. 그들이 공중으로 삿대질을 하면서 싸우는 손짓을 보고 이 어린애 같은 행동에 나도 모르게 혼자 웃으면서도 그들이 싸우려면 싸움다운 싸움을 하기를 진심으로 원했다. 그런데 의외로 나의 소망이 이루어졌다. 내가 그들이 싸우고 있는 맞은편에 도달했을 때, 그들은 홑적삼마저 벗어 버리고서는 벌거숭이가 되어 상대방을 향해 돌진했다. 그 중 한 사람이 몸을 움츠리더니 상대방의 정강이를 잡으며 자기 머리 위로 던져버렸다. 참으로 깨끗한 솜씨였다. 그들이 상대방을 향해 돌진할 때 한 여인이 집에서 뛰어나왔다. 그런데 조금 전의 말다툼 대신 그 여인의 비명소리가 들렸다. 그 여인의 울부짖음과 더불어 싸울 때 내던져

---

44 조선 말기에 활동한 미국 선교사이자 조선 왕실의 의사이다. 한국 이름은 '안연(安連)'이다. 의료 활동뿐 아니라 고종의 정치 고문도 맡아 했으며, 제중원(광혜원)을 세워 후진을 양성했다. 미국 오하이오주 출신으로 1883년 마이애미 의과대학을 졸업하고 중국으로 건너가 상하이에서 장로교회 의사로 있다가 1884년 한국 최초의 신교 의료선교사로 내한하여 주한 미국공사관의 의사로서 선교사업에 종사하였다. 이 해에 왕실의 의사와 고종의 정치고문이 되었고 1885년 왕이 개설한 광혜원(제중원)의 의사와 교수로서 활약하다 1887년 참찬관에 임명되어 주미전권공사 박정양의 고문으로 도미하여 미 국무성에 독립국으로서의 한국의 입장을 단명하였다. 1901년 주한 미국전권공사가 되었다가 1905년에 을사늑약이 체결된 뒤 귀국하였다.

진 사람이 떨어진 자리에 누워있는 것을 보고 무언가 심상치 않은 일이 생긴 것으로 생각되었다. 나는 뭔가 도와줄 수 있지 않을까 하여 현장에 가 보았는데 그 사람은 벌써 목이 부러져 죽어 있었다. 그 후로 나는 말다툼하는 것 이외의 심한 싸움은 보지 않기로 했다.' (허인욱, 2005, 327~328쪽에서 재인용)

㉱ 크리스토 밀러(Christo Miller)의 그림 : 1895년에 크리스토 밀러는 「한국 아이들의 씨름(Corean Boys Wrestling)」이라는 그림을 그렸다. 여기에는 아이들이 힘겨루기 하는 모습이 잘 나타나 있다.

㉲ 『백범일지』의 기록 : 백범 김구는 스물한 살 때 고향인 황해도 안악군 치하포 나루에서 일본 육군 중위 쓰치다를 맨손으로 죽인 죄로 사형선고를 받고 인천형무소에서 복역을 한다. 여기에는 배경이 있다. 백범은 1895년 10월 8일 일본 공사의 사주를 받은 낭인들이 궁궐에 침입, 명성황후를 무참히 살해하고 시신을 불태운 을미사변이 터지자 일본에 대한 적개심에 불탔다. 그리하여 압록강을 건너가 의병단과 함께 일본군 토벌에 참여하기도 했다. 이러던 중 나루터에서 쓰치다와 부딪히자 맨주먹으로 때려죽인 것이다. 그는 1897년 사형이 선고되었으나 집행 직전에 고종임금의 특사로 집행이 정지되었다. 그런데도 석방되지 않자 이듬해 탈출해 1898년 2월 공주 마곡사에 들어가 계를 받고 승려가 되었다. 그는 쓰치다를 죽이던 장면을 백범일지에 다음과 같이 기록하였다. '나는 때가 왔다 하고 서서히 일어나 "이놈!"하고 소리를 치면서 발길로 그 왜놈의 복장을 차니 그는 한 길이나 거진 되는 계하에 나가떨어졌다. 나는 나는 듯이 쫓아내려가 그 놈의 모가지를 밟았다. 삼간 방문

네 짝이 일제히 열리며 그리로 사람들의 모가지가 쑥쑥 내밀어졌다. 나는 몰려나오는 무리를 향하여, "누구나 이 왜놈을 위하여 감히 내게 범접하는 놈은 모조리 죽일 테니 그리 알아라!"하고 선언하였다. 이 말이 끝나기도 전에 내 발에 채이고 눌렸던 왜놈이 몸을 빼쳐서 칼을 빼어 번쩍거리며 내게로 덤비었다. 나는 내 면상에 떨어지는 그의 칼날을 피하면서 발길을 들어 그의 옆구리를 차서 거꾸러뜨리고 칼을 잡은 손목을 힘껏 밟은즉 칼이 저절로 언 땅에 소리를 내고 떨어졌다. 나는 그 칼을 들어 왜놈의 머리에서부터 발끝까지 점점이 난도를 쳤다. 2월 추운 새벽이라 빙판이 진 땅 위에 피가 샘솟듯 흘렀다. 나는 손으로 그 피를 움켜 마시고 또 왜의 피를 내 낯에 바르고 피가 뚝뚝 떨어지는 장검을 들고 방으로 들어가면서, 아까 왜놈을 위하여 내게 범하려던 놈이 누구냐 하고 호령하였다.' (김구, 1995, 76~77쪽)

수박과
권법

　　　　　　수박과 권법을 이해하는 데에는 기본적
으로 세 가지 방식이 있다. 첫째는 수박과 권법이 각기 다른 이름으로 지칭
된 만큼 다른 무예였을 것이라고 가정하고 이해하는 것이고 둘째는 수박
과 권법이라는 명칭이 사실상은 큰 구분 없이 혼용되면서 같은 무예를 가
리켰다는 가정으로 역사를 이해하는 것이고, 셋째는 두 용어가 모두 특별
히 구분되지 않는 맨손 무예 일반을 가리키는 일반명사로 사용되었다는
것이다. 1960년대는 가라테가 동양무술을 지칭하는 일반명사로도 사용되
었다.(이호성, 2007)

　허인욱(2005)에 따르면 『재물보』에서는 씨름에 대해 설명하면서 '각저(角
抵)' 외에도 '졸교(捽校)', '환교(還校)', '시박(廝撲)' 등의 동의어가 기록되어 있
으며, 특히 시박에 대해서는 '졸교지류(捽校之類) 역(亦) 탁견'이라고 되어 있

어서, '시박'이 씨름의 종류이면서도 동시에 '탁견'이라고 말하고 있다.(허인욱, 2005) 이런 점을 지적하면서도 허인욱(2005)은 '탁견'은 발질 위주의 무예를 지칭하면서도 무예 전반을 가리키는 말임에 반해 '시박'은 씨름과 같은 기술을 위주로 치고 때리는 것을 포함하는 무예로 이해한다.

대체로 수박과 권법은 연속성이 있는 무예라고 가정할 만한 충분한 이유들이 있다. 수박과 권법이 완전히 다른 무예였을 수도 있지만 기록에는 수박과 권법의 차이를 강조하거나 비교하는 대목을 찾기 어렵다. 옛 기록은 택견이나 씨름과 같이 시각적으로 분명히 구분됨직한 무예에 대해서조차도 비교하거나 차이를 강조하지 않고 기록하고 있다. 우리가 지금의 관점에서 옛 무예를 서로 시각적으로 다른 기법의 무예로 구분 지을 수 있는 기회는 풍속화 속에서 발견되는 장면들을 분류할 때뿐이다. 남기영(2004)은 강하게 주장한다.

> "수박(手搏)"이라는 말은 '권법'의 옛 명칭에 불과하다. 수박이란 격투의 의미이며 일반명사인 것이다. '박' 대신에 "벽(擘)", "박(拍)"이라는 말을 쓰기도 했는데, 모두 "때린다"는 의미이다. 수박의 용례는 『한서(漢書)』에서 이미 발견이 되는데, 『한서』의 「애제기찬(哀帝紀贊)」에 "격투와 활쏘기의 무희를 보았다(時覽卞射武戲)"라는 구절이 있는데 안사고(顔師古)가 주를 달기를 "수박이 변이다(手搏爲卞)"라고 하였다. 명대의 모원의의 『무비지(武備志)』에도 "권은 옛날의 수박이다(拳者卽古之手搏也)"라는 구절이 있으며 모원의의 시기까지만 해도 권법이란 말보다는 수박이라는 말이 격투를 의미하는 말로 더 많이 사용되었다. 이로 볼 때 "수박"이란 단어는 단지 격투를 나타내는 말이다.(남기영, 2004, 12~13쪽)

기록을 토대로 수박과 권법의 특징을 비교해보면 다음과 같다.

첫째 수박은 방패군이나 갑사와 같은 무사 선발시험의 일종이었다. 방패군과 갑사는 모두 무기를 사용하기보다는 백병전과 신체적인 체력, 근접전투용 무기를 사용하는 전투를 위한 무사들이었다.

둘째 수박은 관람용으로도 활용되었다. 수박은 태종, 세종 때의 상왕이나 노상왕 즉 정종과 태종의 탄신일을 위한 주연 때에 베푼다는 기록이 있다. 하지만 이것으로 수박을 관람용 무예로 못 박을 수는 없다. 관람용 무예란 용어는 실전성이 약한 무예라는 사실을 함축할 수도 있기 때문에 신중하게 사용할 필요가 있다. 오히려 여러 정황에 비추어볼 때 수박은 실제로 활용되는 무예였을 가능성이 훨씬 크다. 당시 조선 조정에서는 국왕 앞에서 열리는 수박 대회를 위하여 미리 수박 우수자를 선발하였으며 수박이 뛰어나 연속해서 여덟 명, 여섯 명, 네 명 등을 이긴 우수자들에게는 상으로 진급을 시키거나 면포, 쌀 등을 부상으로 주었다.

셋째 수박은 군사훈련 후에 무사들의 사기를 북돋고 격려하는 데에도 활용되는 무예였다. 이런 수박의 특징에서 맨손 무예라는 점을 확실히 알 수 있다. 한편 그 기법은 상대의 급소를 치거나 해서 속전속결로 끝내는 방식이 아니라 권투나 씨름, 혹은 택견처럼 어느 정도 지속가능한 경기를 하면서 승부를 가를 수 있는 여러 가지 기법들을 포함하고 있었을 것으로 보인다.

넷째 수박은 신분에 관계없이 할 수 있는 민중무예였다. 임금의 친위무사들뿐만 아니라 일반 백성 특히 향리나 승려들도 수박을 했다. 하지만 고급 관료들이 수박을 했다는 기록은 별로 없다.

이상의 내용을 관련 문헌과 함께 정리하면 다음과 같다.

조선 수박 관련 문헌

조선시대 수박의 특징	관련 문헌
1) 무사 시험의 일종이었다.	세조실록 권34. 세조 10년 8월(壬午). 문종실록 권8. 문종 원년 6월(丙戌)
2) 관람용으로도 활용되었다.	태종실록 권32 태종 16년(1416) 7월 1일(庚寅) 태종실록 권32 태종 16년(1416) 7월 18일(丁未) 태종실록 권32 태종 16년(1416) 8월 3일(壬戌) 태종실록 권32 태종 16년(1416) 8월 17일(丙子) 태종실록 권34 태종 17년(1417) 7월 1일(甲寅) 세종실록 권4 세종 1년(1419) 6월 20일(癸巳) 세종실록 권4 세종 1년(1419) 7월 1일(甲辰) 세종실록 권12 세종 3년(1421) 5월 18일(己卯) 세종실록 권51 세종 13년(1431) 3월 28일(壬辰)
3) 훈련 후에 무사의 사기를 북돋우었다.	단종실록 권14 단종 3년(1455) 6월 19일(癸巳) 세조실록 권17 세조 5년(1459) 9월 29일(戊申)
4) 다양한 신분의 사람들이 하는 민중무예였다.	세조실록 권9 세조 3년(1457) 9월 16일(丁丑) 세조실록 권33 세조 10년(1464) 5월 19일(辛未) 『용재총화(慵齋叢話)』(성현, 1525) 『신증동국여지승람(新增東國輿地勝覽)』(1530) 권 34.

한편 기록에 나타난 권법의 특징은 다음과 같다.

첫째 권법은 두 발로 서서 손, 어깨, 무릎을 사용하여 상대를 가격하는 맨손 무예이다. 이런 점에서 권법과 수박의 연관성은 자연스럽다. 인간에게 싸우기 위한 동작은 그리 다양한 편이 아니다. 특히 두발로 선 상태로 상대를 주먹으로 때리거나 발로 차는 격투기법은 대개가 비슷하다. 수박도 이와 같은 입식타격의 무예이므로 양자는 하나의 무예로 발전하는 데에 어려움이 없었을 것이다.

둘째 조선의 권법이 수박과 구분된다면, 그것은 임진왜란 시기에 중국 병사들의 권법을 도입하면서 발전했을 것이다. 권법의 본격적인 발전은 명나라 군으로부터 도입됨으로써 시작되었다. 하지만 그렇다고 하더라도 조선 초기까지 건재하던 수박과 전혀 동떨어진 무예로 발달했다고 추측하기는 매우 어렵다. 당시 조선이 중국 문물을 적극적으로 받아들였기 때문에 명나라의 영향을 받았음은 분명하다. 척계광의 『기효신서』에 나와 있는 권법을 도입할 당시에는 그것을 새롭게 수정하여 우리 것으로 만들려는 노력을 하지 못하였다. 따라서 도입 초기에 출간된 『무예제보』(1957)는 『기효신서』의 내용과 크게 다르지 않다. 그러나 얼마 후 『권보』를 편찬(1604)하고, 『무예신보』(무기신식 1759)와 『무예도보통지』(1790)의 출간이 거듭되면서 명나라의 권법을 우리 실정에 맞게 개정하려고 노력하였다.

셋째 조선의 권법은 관무재(觀武才)와 같이 무예의 능력을 시험하는 수단으로서 군인계급의 진급에 필요한 종목이었다. 권법이 군인계급의 능력을 시험하는 수단이라는 사실은 군인의 전투력에서 매우 중요함을 사회적으로 인식하고 있었음을 반증한다. 그런 점에서 권법은 백병전에서 효과를 발휘하는 무예로 인식되었을 가능성이 크다.

넷째 권법은 직접적인 살상용 무예라기보다는 무기술을 익히기 전에 터득해야 하는 기초기술로서 이해되었다. 창, 칼, 활과 같이 다양한 무기가 발달한 이후에는 모든 무예가 이러한 군사기술의 기초로서 활용될 수밖에 없을 것이다. 그러므로 이런 특징이 곧 권법이 실전적 효용성이 떨어짐을 의미하지는 않는다. 이 점은 오늘날에도 마찬가지이다.

권법 관련 문헌

권법의 특징	관련 문헌
1) 손, 어깨, 무릎을 사용하는 맨손 무예이다.	선조실록 권50 선조 27년 4월 24일(壬申) 선조실록 권112 선조 32년 4월 4일(壬午)
2) 임진왜란 시기에 중국 병사들의 권법을 도입하면서 발전하였다.	선조실록 권182 선조 37년 12월 16일(辛酉) 정조실록 권28 정조 13년 10월 7일(己未) 정조실록 권30 정조 14년 4월 29일(己卯)
3) 무예의 능력을 시험하는 수단으로서 활용되었다.	인조실록 권21 인조 7년 8월 8일(庚申) 현종실록 권 16 현종 10년 3월 6일(己亥) 속대전(續大典) 병전(兵典) 시취조(試取條)(1744)
4) 무기술을 익히기 전에 터득해야 하는 기초기술로 이해되었다.	선조실록 권124 선조 33년 4월 14일(丁亥) 무예도보통지(武藝圖譜通志) 권4 권법조(1790)

　　이상의 내용을 비교해보면 수박과 권법은 무사를 선발하는 수단이었다는 점과 맨손 무예라는 점이 공통적이다. 수박은 관람용이나 사기를 북돋우는 용으로 사용되었지만 권법에 대해서는 그런 기록이 없는데, 사실 이것은 무예의 사용방법의 차이이지 무예기법의 차이를 결정짓는 근거는 되지 못한다. 오히려 권법의 첫 번째 특징은 그 무예의 기법적 특성으로 간주될 수 있겠지만 수박은 손, 어깨, 무릎을 사용하는 맨손 무예가 아니었을까? 수박과 권법이 모두 전장의 무관들이 사용하기 위한 맨손 무예라면 전신을 다 활용하도록 권장되었을 것이다. 수박과 권법에 대한 기록만으로는 양자를 서로 다른 무예라고 구분하기가 어렵다. 물론 반대로 수박과 권법이 완전히 같은 무예라고 단정할 수도 없다.

　　한편, 『한국세시풍속사전』의 수박희 조에 다음의 설명이 보인다. 『무예도보통지』를 인용해 두 사람이 하던 수박이 일정한 순서에 따라 진행되며 전반부에는 각기 정해진 세(勢)의 변화를 시범하다가 후반부에 이르면 마주 서서 겨루기를 한다는 내용이다. 특히 제4권의 권법보(拳法譜)가 세의 변화를 그림과 함께 설명한 대목을 정리하였다.[45]

---

45 ①두 사람이 각각 왼손과 오른손을 허리에 끼고 나란히 섰다가 먼저 탐마세를 취하고, 오른손으로 왼 어깨를 쳐 열면서 즉시 요란주세를 취한다. 왼손으로 오른 어깨를 쳐 열고 ②앞으로 전진해 현각허이세를 취한다. 오른발로 오른손을 차고 왼발로 왼손을 차고 오른발로 오른손을 차고는 바로 순란주세를 취한다. 왼쪽으로 한 번 돌고 왼손으로 오른발을 한 번 치고 ③그대로 칠성권세를 취한다. 좌우로 씻고 고사평세를 취한다. 오른손과 왼발을 앞으로 한 번 찌르고 ④바로 도삽세를 취한다. 두 손을 높이 든 채 돌아보며 몸을 돌려 뒤를 향해 일삽보세를 취한다. 오른손을 오른쪽 겨드랑이에 끼고 ⑤그대로 요단편세를 취한다. 한 걸음 뛰어 오른손으로 오른쪽 두부를 치고 그대로 복호세를 취한다. 나아가 앉았다가 오른쪽으로 돌면서 일어나 다시 현각허이세를 취한다. ⑥그대로 하삽세를 취하고 왼쪽으로 한 번 돌면서 오른손과 왼발을 한 번 치고 바로 당두포세를 취한다. 왼손으로 앞을 막고 오른손으로 이마를 가리며 ⑦그대로 기고세를 취한다. 좌우를 씻고 다시 중사평세를 취한다. 오른손과 왼발을 뒤로 한 번 찌르고, 그대로 도삽세를 취한다. 앞을 돌아보고 ⑧몸을 돌려 도기룡세를 취한다. 왼손과 오른손을 열면서 요단편세를 취한다. 앞으로 전진하면서 그대로 매복세를 취한다. 일자로 나아가 앉았다가 일어서면서 현각허이세를 취한다. 그대로 하삽세, 당두포세를 취하고, 다시 기고세, 고사평세, 도삽세를 취하고, 바로 일삽보세, 요단편세를 취한다. ⑨바로 오화전신세를 취하고, 오른손과 오른발을 오른쪽으로 돌려 ⑩두 사람이 마주보고 서서 안시측신세와 과호세를 취한다. 두 손을 열고 닫으며 좌우로 서로 탐색하다가 ⑪갑이 현각허이세를 취하여 좌로 차고 우로 차며 앞으로 몰고 나가면, 을이 구류세를 취하여 좌우 손으로 막으며 물러나 안시측신세, 과호세를 취한다. 서로 돌아선다. 을이 현각허이세를 취하여 진격하면 갑이 다시 구류세를 취하여 물러난다. 두 사람이 바로 안시측신세, 과호세를 취한다. 서로 돌아선다. ⑫갑이 나아가 복호세를 취하면, 을이 금사세를 취하고 뛰어넘어 즉시 복호세를 취한다. 갑 또한 금나세를 취하고 뛰어넘어 ⑬두 사람이 바로 포가세를 취한다. 두 손으로 오른발등을 치고 다시 점주세를 취한다. ⑭갑이 오른손으로 을의 왼 어깨를 잡으면, 을은 오른손으로 갑의 오른쪽 겨드랑이 아래로부터 들어가 목을 꼬아 갑의 왼어깨를 잡고, 각기 등뒤로 왼손을 건다. 갑이 을을 업어서 빗겨 들어 거꾸로 던지면, 을은 물레가 돌듯 순식간에 땅에 내려서고, 을이 다시 갑을 들어 앞의 예와 같이 하고 끝낸다. (『한국세시풍속사전』, 국립민속박물관)

택견과

씨름

택견은 흔히 태권도의 직접적인 전신
으로 받아들여진다. 텔레비전 방송에서도 가끔 볼 수 있는 현대 택견 경기
는 태권도와 매우 유사한 모습을 보여준다. 택견이 어떤 무예인지 구체적
으로 확인하기는 쉽지 않다. 택견은 어떤 무예였을까? 송덕기는 서림문화
사에서 출판된 『한국고유무술 택견/전통무술 택견』의 머리말에서 "그 당
시에는 택견이라고 해서 특별한 무술이라고는 생각지 못하고, 운동을 좋
아하는 사람들이 여가를 이용해서 운동하기 좋은 장소에 모여서 실시하던
일종의 민속놀이였다"고 하였다.

택견이 어떻게 해서 발생되었는지는 자세히 알 수 없으나 구한
말까지 몇몇 사람들이 모여서 택견을 했었다. 나는 12세부터 필운
동에 살던 임호라는 택견의 명인을 만나서 택견을 배우기 시작했

다. 그 당시에는 택견이라고 해서 특별한 무예라고는 생각지 못하고 운동을 좋아하는 사람들이 여가를 이용해서 운동하기 좋은 장소에 모여서 실시하던 일종의 민속놀이였다.(박종관, 1983, 8쪽)

무예로서 택견의 특징은 다음과 같이 설명할 수 있다.

첫째 택견은 움직임의 양태에 있어서 동적인 움직임 속에서 기법을 구사한다. 택견의 중요한 기법 중에는 품밟기가 있다. 이 품밟기는 오늘날 태권도의 '딛기'의 기법에 해당한다. 끊임없이 발 딛기를 하면서 거리를 조절하고 동시에 공방의 기회를 노리는 것이 품밟기의 기법적 의미이다. 이것은 곧 택견이 끊임없이 움직인다는 것, 즉 동적인 움직임 속에서 기법을 구사함을 의미한다. 한편 택견의 한 요소인 활갯짓 역시 특정한 자세를 취하는 것이 아니라 순환적인 동작이다. 활갯짓 역시 택견이 동적인 움직임 속에 존재하는 격투 기법임을 보여준다.

둘째 택견은 기법의 체계에 있어서는 발기술 중심으로 기술을 구사한다. 『해동죽지(海東竹枝)』의 기사가 이 사실을 잘 설명해 준다.[46] 즉 『해동

---

46 매우 주의해서 살펴야 할 문헌자료이다. 조선 후기 문신이자 서예가인 최영년이 지은 한문과 한시 혼합 형태의 기록인데, 조선 후기의 각종 놀이와 명절 풍속 등의 다양한 내용을 담고 있다. 여러 가지 역사적 사건들과 민간에 전승되는 놀이, 세시풍속 등을 간단한 서문과 함께 악부체(樂府體) 한시로 남겼다. 1921년에 저술해서, 1925년에 출판되었다. 상·중·하로 구성되어 있는데, 중편 111수는 속악유희(俗樂遊戱)·명절풍속(名節風俗)·음식명산(飮食名山)으로 구성되어 놀이·연희·명절 풍습·음식 등에 관한 내용을 담고 있다. 특히 중편의 속악유희 66편에는 다양한 놀이가 소개되어 있고, 명절 풍속 45편에도 일부 놀이가 포함되어 있다. 속악유희에는 놀이가 다수인데 이 중에 편전희(便戰戱; 편쌈)는 편싸움을, 선접군(先接軍; 접싸움)은 자리싸움놀이, 인색희(引索戱; 줄다리기)는 줄다리기, 각저희(角觝戱; 씨름)는 씨름, 탁견희(托肩戱; 탁견)는 택견, 수벽타(手癖打; 수벽치기)는 수박치기, 승경도(勝景圖;승경도)는 승경도놀이, 축치구(蹴雉毬)는 제기차기, 강패희(江牌戱; 대격추리)는 골패놀이, 타전희(打錢戱)는 돈치기, 구전희(鬮賤戱; 엿방망이)는 엿치기, 투풍쟁(鬪風箏; 연)은 연날리기, 선풍화(旋風

죽지』의 설명에서 택견 기법의 수준을 발차기 실력으로 구분했다는 것은 택견이 발기술에 초점을 맞추고 있다는 것을 말해준다. 김산호(2011)는 이 "비각술이 현대 택견의 원형인 듯하다"라고 추측한다.

셋째 수련 체계에 있어서는 겨루기 중심으로 이루어져 있다. 택견에는 원래 품새에 해당하는 것이 없었다. 현재의 택견에 있는 '본때뵈기'는 신한승이 만든 것이다. 그러므로 택견의 원래 기법들은 모두 겨루기를 통해서 전승되고 겨루기를 통해서 숙달되는 기법체계였다.

넷째, 택견은 민중들 사이에 널리 퍼진 무예였다.『해동죽지』가 기록했듯이 택견으로 원수도 갚았으므로 싸움에 사용되었다는 것을 알 수 있다. 법관이 이를 금지시킬 정도였으므로 제도적으로 보호받으면서 전승되는 무예는 아니었을 것이다. 조선시대에 택견으로 풍속을 교란하던 무뢰배들이 있었다면 이들이 왈자패들이었다고 볼 수도 있다.

花;도로람이)는 바람개비 돌리기, 오란희(五卵戲;공괴)는 공기놀이, 빙구자(氷毬子; 팽이)는 팽이치기, 도색희(跳索戲)는 줄넘기, 엄목희(掩目戲)는 까막잡기, 은신희(隱身戲; 숨박국질)는 숨바꼭질, 부도옹(不倒翁; 옷독이)은 오뚝이놀이를 말한다. 기타 지금은 사라진 놀이로 팔목희(八目戲; 수투전), 순라희(巡邏戲; 순라잡기), 채포곡(彩布穀; 꾹꾹이) 등이 있다. 이 가운데 탁견희와 수벽타를 주의해서 읽어야 한다. 여기 인용한 정보는 대체로『한국민속예술사전』의 것이지만 수박에 대한 이해가 글쓴이들의 견해와 거리가 있어 따로 생각해야 한다. 사전은 '탁견희는 각술이라 하여 택견을 말하는데, 두 사람이 마주서서 발로 상대를 가격해 거꾸러뜨리는 방식이다. 탁견을 못 하는 자는 상대의 다리를 차고, 잘 하는 자는 상대 어깨를 차고, 비각술이 있는 자는 상대의 상투를 떨어뜨린다고 해서 기술의 수준에 따라 구분하여 설명하고 있다. 이 놀이로 여자를 차지하거나 원수를 갚는 데에 이용했다고 부연하고 있다.'라고 기술하였다. 다만 수벽타를 손뼉치기로 해설한 대목은 충분한 설명이라고 보기 어렵다. 수벽타에 대해서는『한국세시풍속사전』의 설명이 유익하다. 이에 따르면 18세기 이후 전통 수박이 발기술 위주의 탁견(托肩)과 손기술 위주의 슈벽[수벽치기, 手擗打]으로 분화, 발전한다. 슈벽은 손기술을 위주로 한다는 점에서 손발과 몸을 모두 사용하는 수박과 구별된다.『재물보』에서 당시의 슈벽이 수박과 다르다고 한 것은 이 때문이라고 할 수 있다.(『한국세시풍속사전』, 국립민속박물관)

택견과 태권도를 둘러싼 몇 가지 논란이 있다. 택견의 활갯짓과 품밟기 등으로 태권도와 차별화하거나 태권도와 택견을 '강한 무술 대 부드러운 무술'로 구분하려는 시도이다. 이러한 시도에 대해 비판적으로 접근한 이창후(2003)의 사례가 있다.

첫째 활갯짓과 품밟기. 이창후(2003)에 따르면 택견 연구자들 가운데 활갯짓이나 품밟기를 택견의 주요 특징으로 보는 사람은 없다. 품밟기는 일종의 발놀림으로서 오늘날 태권도 경기에서 흔히 볼 수 있는 발놀림과 전혀 다르지 않다. 단지 택견 경기를 할 공간이 넓지 않다는 특정한 조건에 의해서 자연스럽게 발달할 수 있는 발차기를 위한 발놀림 일반의 한 우연적 형태일 뿐이다. 그것을 뚜렷이 보여주는 증거로서는 오늘날의 택견 경기를 들 수 있다. 오늘날의 택견 경기에서 경기자가 어느 정도 자유롭게 앞으로 나아가거나 뒤로 물러나면서 경기를 할 수 있게 되자 품밟기가 사라지고 태권도와 다름없는 발놀림이 나타나는 것이다.

한편 사람들은 활갯짓이라는 말에서 그 손동작에 큰 무술적 의미가 있는 것으로 이해하지만 적어도 오늘날 무형문화재로 전승되는 택견에 있어서 활갯짓이란 발기술을 위한 보조적인 중심잡기나 시선 흔들기 정도 이상의 의미는 없다. 이창후(2003)는 이와 같은 입장을 객관적으로 증명하기 위해서 활갯짓이 큰 무술적인 의미를 갖는 경우를 구체적으로 상정해 본다. 활갯짓이 무술적인 의미를 갖는 경우라면 우리는 활갯짓의 큰 원운동의 손 움직임 속에서 그 손의 위치에 따라 공방의 기법이 달라지는 정도를 상정해야 한다. 하지만 사실 택견의 활갯짓에서 나올 수 있는 모든 손기술은 손을 원운동으로 크게 흔드는 동작 없이도 활용 가능한 것들이다.(이창후, 2003)

둘째로 택견의 무술은 부드러운데 비해 태권도의 동작은 강하다는 주장은 동작의 시각적 특성에 주목한 특성화다. 그러나 무술의 본질은 공방의 효율성에 있으므로 시각적 특성은 중심적 요소라고 보기 어렵다. 예를 들어 태권도의 동작을 느리게 한다고 해서 태극권으로 바꿀 수는 없지만 비슷해 보일 수는 있다. 그러므로 동작의 시각적 유사성만으로 두 무예를 같다고 보기 어렵다. 시각적으로 다른 두 무예가 본질적으로 같을 수도 있다.

한편 이창후(2003)는 택견이 부드럽기만 한 무술이 아니라고 지적한다. 그 예로 '손가락 갈빗대 꼬이기' 기술을 들 수 있다. 손가락을 상대의 갈비뼈 사이에 찔러 넣어 고통을 주는 위험한 기술이다. 이런 기술을 구사하는 무예를 부드럽다고 보기만은 어렵지 않은가.

한편 조선시대의 택견에 대한 자료들을 보면 대개 씨름과 동시대적으로 전승되어 왔고 항상 씨름과 같이 민속화에서 나타났다. 이런 점에서 택견과 씨름의 연관성을 살펴볼 필요도 있다. 씨름과 택견의 관계에 대해서 대체로 다음과 같이 정리할 수 있다.

첫째 택견과 씨름은 기술적인 연속성이 있다. 현재 전승된 내용에 따를 때, 택견과 씨름은 상대를 넘어뜨리면 이기는 경기라는 점에서 공통점이 있다. 물론 다양한 자료들에서 현재 알려진 씨름과는 매우 다른 기법들의 체계로 간주될 수 있는 택견이 있었던 것으로 보이기는 하지만, 조선시대에는 이와 같은 무예를 서로 분명하게 구분한 것 같지는 않다.

둘째 택견과 씨름은 분명히 구분되면서도 사람들이 의도적으로 구분하지 않은 민속 무예였던 것으로 보인다. 택견과 씨름은 앞에서 제시한 여러 자료들로 볼 때 분명히 구분되는 민속 무예였다. 여러 민속화에서 택견과 씨름이 나란히 그려진다는 것은, 최소한 두 기법체계가 다르다는 것을 당대 사람들이 인식하고 있었음을 의미한다. 하지만 동시에 『재물보』에서의 씨름에 대해 설명에서 대표적으로 드러나듯이 일부 사람들은 택견과 씨름을 구분하지 않고 인식했던 것으로 보인다.

셋째, 택견과 씨름은 동일한 방식으로 전승되어 온 것으로 보인다. 그 동일한 방식의 전승이란 곧 '민속적인 방식의 전승'이다. 이창후(2005)는 이것을 강조하는데, 그에 따르면 택견이 태권도에 전승되었다면 그것은 택견이 전승되어 온 방식대로 전승되는 것이 당연하며, 이에 따라서 비전 무술처럼 전승자의 계보가 정확히 규정되지 않는 것이 자연스럽다. 그리고 이런 주장은 1950~60년대 태권도 관장들 일부가 가라테를 수련한 유학생들이라는 점을 근거로 하는 태권도의 가라테 유입론을 반박하는 것이다. 이런 논쟁에서 택견과 씨름이 동일한 방식으로 전승되었다는 인식은 분명히 중요한 역할을 한다. 씨름의 전승 경로에 대해서는 문제 삼지 않으면서 택견의 전승 경로와 인적 계보만 문제 삼는 경우가 있기 때문이다.

정재승(2008)에 따르면 "1912년 전후까지 서울 주변에는 택견을 하는 패들이 있었는데, 이들을 윗대 패와 아랫대 패로 구분"했고, 택견 전수자 송덕기는 "13세 때부터 사직동 뒷산에서 택견을 배웠으며, 19세 때에 임호에게 배우고 20세 때에는 마을 택견꾼과 함께 삼청동, 옥동, 애오개 등 마을과의 택견 경기에 참여하였다"고 한다.(정재승, 2008) 이런 모습은 우리가 알고 있는 씨름의 전승과정과 거의 동일하다.

한편 미국 공사 알렌의 『한국의 문물(Things Korean)』에서 구한말의 한국 무예에 택견과 같은 발차기 기법 이외의 살상력 있는 기법들이 있었음을 알 수 있다. 즉 시비가 붙어 싸움을 하게 되었는데, 한 사람이 돌진해오는 사람의 힘을 역이용해 들어 던져 죽게 만들었다는 것이다. 이런 기법을 평민들의 싸움에서 볼 수 있었다는 것은 민간에 적지 않은 무예기법들이 최소한 단편적으로라도 존재하였음을 짐작하게 한다.

수박, 권법, 택견

그리고 태권도

이상에서 논의된 바를 근거로 조선 시대 맨손 무예의 역사를 정리해보면 다음과 같다.

먼저 수박은 그에 대한 기록이 많이 있지만 수박이라는 무예의 실체에 대해서 알기는 어렵다. 구체적으로 어떤 공격과 방어 기법을 많이 썼는지, 지금의 권투나 태권도와 어떻게 다른지 더 연구해야 할 내용이다. 확실한 것은 고려시대부터 조선시대까지 존재하였다는 점이다. 이에 따라서 그 전후의 우리 무예들에 많은 영향을 미쳤음에 틀림없다.

이런 점에서 권법은 비록 문헌적으로는 중국 명나라 군의 무술체계를 도입하면서 발전하였지만 수박의 영향을 받지 않았다고 할 수 없다. 수박과 권법 모두 유사한 기법체계를 가진 입식타격의 무예이고 수박의 기록이 사라지는 시점과 권법에 대한 기록이 시작되는 시점이 서로 멀지 않으므로 이러한 상호영향은 필연적이다. 나아가 수박이라는 무예의 명칭이 권법으로 바뀌었을 수도 있다.

수박이나 권법에 비해 택견의 기법은 현존하는 부분이 많고, 눈으로 직접 볼 수 있으며 몸소 배워서 그 기법들을 숙달시켜 볼 수 있다. 이런 점에서 택견은 수박과 달리 구체적인 실체가 남겨진 전통 무예라 할 수 있다. 동시에 이 덕분에 택견과 태권도의 비교는 무척 용이하다.

태권도와 택견의 역사적 연관성은 분명하다. 이 역사적 연관성은 1)독특성 논변, 2)동일성 논변, 3)지속성 논변으로 설명된다.

독특성 논변이란 택견과 태권도가 모두 다른 어떤 무예와도 분명하게 구별되는 기법체계들을 중심으로 한다는 것이다. 동시에 다른 무예들에서는 원래 없었던 특이한 기법들이다. 주먹으로 가격하는 기법이 모든 격투 기법에 일반적으로 나타나는 것과 달리, 택견과 태권도의 기법들은 상당히 독특하기 때문에 중요한 비교의 대상이 된다. 또한 이런 기법들은 택견에서나 태권도에서나 그 무예의 본질을 이루는 중심 기법들이다.

동일성 논변이란 택견과 태권도의 기법적 특징이 동일하다는 것을 의미한다. 택견과 태권도가 공유하는 앞차기, 돌려차기, 옆차기, 뒤차기, 뒤후려차기, 내려차기 등의 기법들은 이름만 약간 다를 뿐 크게 다르지 않다. 그렇기 때문에 택견을 배운 사람은 태권도를 배우는 데에 빠른 발전을 보이며 태권도를 배운 사람 역시 택견을 쉽게 배운다. 두 무예의 특징은 시각적으로도 매우 유사하다. 그래서 같은 도복을 입고 기법을 시연한다면 구분하기 어려울 정도이다.

지속성 논변이란 택견이 지금까지 지속되어 와서 태권도의 핵심 기법이 되었다는 말이다. 택견은 현재까지 존속하는 무예이다. 그리고 그것은 민속 무예이기 때문에 특정한 제도적 장치 없이도 존속하며 문화적 영향력을 발휘한다. 실제로 태권도의 나래차기나 뒤후려차기와 같은 여러 기법들은 사범과 제자의 인간관계에서 구체적으로 전승된 것이 아니라 여러 태권도인들이 도장에서 수련하면서 자연발생적으로 생겨난 것이다. 이런 기법들이 다른 무예에서는 자연발생적으로 생겨나지 않았다. 이것은 곧 태권도의 여러 기법들이 민속 문화로서 전승되었음을 의미한다.

이상의 내용을 정리하면 택견이 전승되어 태권도로 발전했다는 것은 논리적으로 충분히 설명 가능하다. 이상의 내용을 정리하면 다음과 같다.

택견 전승론의 근거

역사성 증명	내용	구체적인 예
독특성 논변	택견과 태권도가 다른 어떤 무예와도 분명하게 구별되는 기법체계를 공유한다.	내려차기, 밀어차기, 뒤차기, 뒤후려차기 등의 기법들은 다른 무예에 없다.
동일성 논변	택견과 태권도의 기법적 중요한 특징들이 동일하다.	택견과 태권도에서 발차기 기법체계는 핵심 기법들이다.
지속성 논변	택견이 지금까지 지속되어 와서 태권도의 핵심 기법이 되었다.	택견은 여전히 전승되고 있다. 태권도의 여러 발차기 기법들은 민속적으로 전승되었다.

광복 전후부터
1950년대까지의 태권도

광복 전후의 한국 현대사 속에서 태권
도의 발전사는 문화사로서 이해되어야 한다는 이창후의 주장은 타당성이
있다.[47] 태권도 발전사는 학제로서 스포츠 역사학의 범주에 있으며 그 발
전사 역시 유력한 연구의 주제가 된다. 태권도의 발전사를 문화사의 일부
로서 이해할 것이냐의 문제는 스포츠를 문화의 영역에서 사고할 수 있느
냐는 물음과 직결된다.[48]

---

47 이창후(2016), 「태권도의 역사와 문화의 전승력」, 『태권투게더』 제2권 11, 12호.

48 허진석(2015), 『놀이인간』, "스포츠를 문화의 일부로 인식하는 시각은 현재에 이르러 일반화
됐다. 그러나 이 문제를 놓고 학자들 사이에 다양한 견해가 상충한 사례가 있다. 소스타인 베블렌
(Thorstein Veblen)을 비롯한 여러 학파가 스포츠는 문화일 수 없다고 주장해왔다. 그들은 스포츠를
문화적으로 아무런 가치가 없는 행위양식이라고 여겼다. 또한 스포츠는 인간보다 승리와 기록이 중
요하다는 생각과 기술만능주의에 의해 지배받고 있으며, 스포츠 경기는 인간이 개성, 창의력, 상상

이번 장에서는 우선 기간도장(基幹道場)과 같은 태권도 정치사의 단면들을 간단히 고찰한 뒤 민속 무예로서 택견의 전통이 어떻게 현대 태권도의 발전으로 이어졌는지 고찰해보겠다. 한반도가 일제에 강점되면서 이 땅의 모든 문화는 독자적인 발전의 기회를 박탈당하고 말았다. 자연스러운 일이지만 전통 문화 부문은 극심한 침체와 소멸의 시기를 감수하지 않을 수 없게 된다. 강점기 한반도에서 이루어진 모든 공식적 문화 활동은 일제의 강제에 의하거나 적어도 감시와 통제 아래 놓였다고 보아도 지나친 표현이 아니다. 따라서 상당 부분 강요된 문화로서 이해될 수 있다.

현대 태권도의 시작은 1945년 8월 15일 광복 직후 청도관(靑濤館), 송무관(松武館), 무덕관(武德館), 조선연무관(朝鮮硏武館)권법부(拳法部), 중앙기독교청

력, 그리고 사고력을 억압하기 때문에 문화가 될 수 없다고 보았다. 하위징아도 스포츠가 문화가 될 수 없다고 주장하였다. 그는 문화의 기원은 놀이인데, 스포츠는 본래 갖고 있던 놀이의 요소를 상실하였기 때문에 문화 영역으로부터 밀려날 수밖에 없다고 주장했다. 테오도르 아도르노는 모든 스포츠가 기계가 신체로부터 빼앗아 버린 기능의 일부를 신체에 돌려주려고 시도하지만 신체가 기계를 닮아가게 만든다고 보았다. 따라서 스포츠는 어떤 방식으로 조직되든 부자유를 초래하므로 문화가 될 수 없다고 주장하였다. 반면 칼 딤은 스포츠와 문화의 연관성을 증명하는 수많은 역사적 기록이 존재하며 인류의 역사 속에서 문화의 제 영역과 스포츠의 연관성을 여러 곳에서 찾을 수 있다고 주장하였다. 딤은 이런 역사적 사실들이 스포츠가 문화의 한 영역임을 증명한다고 보았다. 더 나아가 오르테가 이 가셋은 스포츠를 창조적 행위의 근원으로 파악하였다. 그는 문화의 기원은 노동이나 놀이가 아니라 스포츠라고 보았다. 즉 스포츠는 불필요하고 남아돌아가는 힘을 바탕으로 하여 지금까지 인간이 도달한 경계를 늘 다시금 넘어서게 해 줌으로써 새로운 문화의 창조를 가능케 해주는 야생적 의욕의 근원이라는 것이다. 스포츠가 문화냐 아니냐는 논쟁은, 문화란 매우 고상하고 고차원적인 그 무엇이라는 규범적 이해에 바탕을 두고 있다고 본다. 그러므로 쟁점은 스포츠가 그와 같은 조건을 충족시키는지 못하는지에 있다. 오늘날 사회화되었으며 문화의 이해는 평준화되어 엘리트적 이해보다는 편견에 치우치지 않는 문화 이해가 주목받게 되었다. 이와 같은 변화를 통하여 오늘날 스포츠는 평준화된 문화의 일부로서 독자적인 문화 영역으로 발달하였다. 현대인의 삶에서 스포츠는 삶의 일부이기도 한데, 대한민국에서도 여름 저녁 프로야구와 '치맥'을 빼놓고 도시인의 삶을 설명하기는 쉽지 않게 되었다." 216~217쪽

년회(中央基督敎靑年會·YMCA)권법부 등 모체관(母體館) 다섯 곳을 중심으로 이루어졌다. 이 도장들이 분화하여 생긴 아홉 개 관(館)이 1960년대에 합쳐져서 현대 태권도 조직의 모체가 된다. 이 다섯 관들은 현대 태권도를 형성하는 데 있어 중추적 역할을 하였다는 뜻에서 기간도장으로 손꼽힌다.

■ 청도관(靑濤館)

청도관은 해방 직후 가장 먼저 창설된 도장으로 초대관장 이원국(李元國)이 개관한 것으로 알려져 있다. 이원국은 중·고등학교 과정을 일본에서 마치고 일본 중앙대학 법학과에 진학하였으며, 이 무렵 일본 공수도의 본관인 송도관(松濤館)에서 가라테를 수련한다.

후일 한국으로 건너온 그는 1944년 서울 서대문구 옥천동 영신학교 대강당에서 당수도(唐手道)를 가르치게 되고, 2년 뒤인 1946년 2월 정식으로 '당수도 청도관' 간판을 내걸고 후진들을 키워 내기에 이른다. 청도관의 관장 자리는 2대 손덕성, 3대 엄운규로 이어진다. 이원국의 일본 밀항 이후 청도관은 이용우의 정도관, 이전의 국무관, 고재천의 청룡관, 최홍희의 오도관으로 분화되었다.

정도관(正道館)은 1944년 청도관에 입관한 이용우(李龍雨)가 1954년 서울 서대문 로터리 가까운 곳에 개관하였다. 관의 명칭은 '바른 길을 걷는다'는 무도 정신을 표상한다. '떳떳하고 부끄러움이 없는 무도인'라는 관훈을 내세웠으며 초창기 장용갑, 김재기, 김기동, 오부웅 등을 거쳐 박경선, 신명구, 김명환, 김학근, 전영근, 전선용, 이종오가 그 명맥을 이어 오고 있다. 2007년에는 김기동이 2대 관장으로 취임했다.

오도관(吾道官)은 군 출신의 최홍희(崔泓熙)에 의해 1954년 4월 1일 강원도 용대리에서 창설되었다. 창설과 유지에 청도관 출신인 남태희(南太熙) 등이 큰 역할을 했다고 한다. 오도관의 '오도(吾道)'는 『논어(論語)』의 이인(里仁) 편에 나오는 공자의 말(吾道一以貫之)에서 따온 것이다. 최홍희는 이 말을 '나는 오직 한길을 걸어가는 사람이야.'로 이해하고 자신의 성격과 흡사한 면이 있다고 여겨 관명을 정하는 소재로 삼았다고 한다.[49] 남태희를 비롯해 백준기, 한차교, 우종림, 고재천, 김석규, 곽근식과 손덕성, 현종명 등 청도관 출신의 지도사범이 주류를 이루었다.

그 밖에도 청도관에서 파생된 관들로 국무관(國武館)과 청룡관(靑龍館)이 있다. 국무관은 강서종이 인천을 중심으로 청도관의 지관 10여 개를 모아 만들었고 청룡관(靑龍館)은 청도관의 고재천이 개관하였다.

■ 송무관(松武館)

송무관은 1946년 5월 개성 동흥동에서 정식으로 간판을 내걸었다. 노병직에 따르면 관명의 유래는 소나무(松)의 '푸르고 역동적인 기개'라는 상징적 의미와 더불어 일본 유학시절 청도관의 이원국 관장과 함께 수련했

---

49 오도일이관지(吾道一以貫之)는 '나의 도는 한 가지 이치로 일관되게 꿰뚫는 것이다'라는 뜻이다. 내용을 풀어 쓰면 다음과 같다. '공자(孔子)가 말했다. "사(賜, 자공(子貢))야, 너는 내가 많이 배워 그것을 모두 기억하는 것으로 생각하느냐?" 자공이 대답했다. "그렇습니다. 그렇지 않습니까?" 공자가 말했다. "그렇지 않다. 나는 하나로써 꿰뚫었을 뿐이다."(子曰. 賜也, 女以予爲多學而識之者與. 對曰, 然. 非與. 曰, 非也. 予一以貫之.)

던 송도관(松濤館)에서 송(松)자를 따와 만든 것이라고 한다. 노병직이 도장을 설립한 계기는 그가 광복 직전 고향에 돌아가 궁사장(활터)이었던 관덕정(觀德停)에서 젊은이들에게 심심풀이 삼아 가르치면서이다. 송무관은 2대 관장 이영섭, 3대 관장 강원식으로 명맥을 이어 갔다.

■ 무덕관(武德館)

무덕관은 광복 직후 황기(黃琦)에 의해 서울 용산역 부근의 철도국에서 '운수부우회 당수도부(運輸部友會 唐手道部)'로 시작되었다. 초대관장인 황기는 스스로 만주 계열의 무술을 익혔다고 한다. 1935년 지금의 교통부인 철도국에 입사하여 처음에는 김운창, 홍종수, 최희석을 비롯한 모든 관원들이 철도국 직원이었으며 수련장소 또한 철도국건물에서 임시로 도장을 만들어 지도했다. 이러한 이유로 무덕관은 '철도국 도장'으로 불리기도 했다. 5대 도장 가운데 가장 관세(館勢)가 컸다.

■ 조선연무관 권법부(朝鮮研武館 拳法部·지도관)

조선연무관 권법부는 1946년 3월 3일에 개관하였다. 1943년 일본에서 귀국한 전상섭이 창설하였다. 전상섭은 서울 경신중학교와 경성전기학교에서 체육 교사를 한 기록이 있으며, 학창시절 자신이 유도를 수련한 조선연무관에 권법부를 창설하였다. 개관 초기에는 만주에서 '주안파(拳法)'를 익힌 윤병인(尹炳仁)이 사범으로 있었다. 이후 윤병인은 중앙기독교청년회

권법부(中央基督教靑年會·YMCA 拳法部)를 창설한다.

한국전쟁의 와중에 전상섭이 실종되면서 조선연무관 권법부는 윤쾌병과 이종우가 이끄는 지도관(智道館)과 이교윤이 이끄는 한무관(韓武館)으로 나뉜다. 지도관은 윤쾌병이, 한무관은 이교윤이 창설하였다.

■ 중앙기독교청년회 권법부(中央基督教靑年會·YMCA 拳法部)

중앙기독교청년회(YMCA)권법부는 윤병인(尹炳仁)이 1946년 9월 1일에 서울 종로에 있는 중앙기독교청년회관에서 창설하였다. 어린 시절을 만주에서 보내면서 중국무술인 주안파를 익힌 윤병인은 광복 직전에 일본으로 건너가 유학생활을 하였다. 주안파를 익힌 실력으로 일본에서 즉시 공수도 5단의 지위를 얻었다. 광복 후 경성농업학교에서 체육교사로 일하면서 무도를 가르친 윤병인은 1946년 YMCA 간사 백용기의 주선으로 YMCA에 권법부를 열었다.

한국전쟁 이후 이남석과 김순배가 주축이 되어 1953년 10월 2일 종합청사 자리에 창무관(彰武館) 중앙도장을 개설하였다. 용 두 마리를 상징물로 삼았으며 관훈은 '충효', '성실', '인내'였다.

1956년 9월에는 중앙기독교청년회권법부에서 수련한 홍정표와 박철희가 서울 신설동에 강덕원(講德院)을 창설하였다. 처음의 명칭은 '무도원 택권 권법도장'이었으나 홍정표가 개인 사정을 들어 박철희에게 사범권한을 일임하면서 '강덕원무도원'이라는 명칭을 사용하였다. 강덕원의 뜻은 '덕을 가르치는 집'이다.

5대관의 약사

5대관	개관 및 약사	관의 분화
청도관(靑濤館)	이원국이 당수도(唐手道)라는 이름으로 1944년 개관. 2대 손덕성, 3대 엄운규.	정도관, 국무관, 청룡관, 오도관으로 분화
송무관(松武館)	노병직이 1946년에 개관. 2대 관장 이영섭, 3대 관장 강원식.	
무덕관(武德館)	해방 직후 황기(黃埼)에 의해 개관. 5대 도장 중에 가장 관세(館勢)가 컸다.	당수도, 화수도, 수박도 등으로 무예명이 변함.
조선연무관 (朝鮮硏武館)	전상섭이 1946년 3월 3일에 개관. 학창시절 자신이 유도를 수련한 조선연무관에 권법부를 창설.	지도관, 한무관으로 분화.
YMCA권법부 (拳法部)	주안파를 익힌 윤병인이 1946년 9월 1일에 서울 종로에 위치한 중앙기독교청년회관에서 창설.	강덕원으로 분화.

구술 기록을 통해 본

태권도 수련과 전승

엄운규

◆ 언제부터 태권도를 수련했나?

"1946년 17살 때 형님 지인의 권유로 '당수도 청도관(唐手道 靑濤館)'에 입관했다. 얻어맞고 다니지 말라고 해서 처음엔 유도를 배웠지만 체격이 작고 몸이 가벼웠던 내가 유도를 배우는 것은 쉬운 일이 아니었다. 그래서 고심 끝에 유도를 그만 두고 태권도를 배웠다."

◆ 당시 청도관의 분위기는 어떠했나?

"내가 입관했을 때 청도관은 영신학교에서 종로 안국동 근처의 견지동 시천교회당으로 이전했다. 시천교당은 100여 평이었는데 예배 시간을 피해 오후에 빌려 수련장으로 썼다. 예배할 때 앉던 긴 의자를 벽 쪽으로 치워 수련 공간을 만들어 놓고 60여 명이 태권도를 배웠다. 나는 관번이 120번이었다. 관번은 입관 등록을 할 때 차례대로 붙여주는데, 내가 120번이었으면 그 전에 119명이 청도관에 입관했다는 의미다. 그런데 지속적으로 청도관을 다니지 않는 사람들도 있어 수련할 때는 50~60명이 모였다."

◆ 주로 어떤 사람들이 태권도를 배웠나?

"내가 들어갔을 때(1946년)는 주로 20대 초 청년들이 많았다. 하지만 안국 동 근처로 청도관이 이전한 후 청도관 주위에 고등학교가 몇 개 있어서 그런 지 차츰 고등학교 고학년 학생들이 입관했다."

◆ 1940년대 후반 청도관 수련 내용과 방식은?

"일주일에 5번 오후에 수련을 했다. 이원국 스승님(청도관 창설자)은 별일이 없으면 도장에 나와서 태권도를 가르쳤다. 스승님이 나오지 못할 때는 유단자들이 초보자와 유급자들을 가르쳤다. 하루 수련은 대략 이렇다. 이원국 스승이 지켜보는 가운데 사범의 구령에 맞춰 60여 명이 기본동작을 10~15분 반복했다. 그 후 초보자, 유급자, 상급자, 유단자 별로 나눠 형과 대련을 했다. 초보자와 유급자는 형을 20분 동안 배웠다. 그리고 나서 삼보 대련을 했다. 5급~1급인 상급자들은 심사를 앞두고 있어 주로 형을 하면서 수도(手刀)와 팔꿈치를 사용하는 일보대련을 했다. 유단자는 많지 않았다. 청도관은 다른 관(館)과는 달리 승급심사를 엄격하게 했다. 6개월에 한 번씩 승급심사를 했는데, 한 가지 형을 몇 개월 동안 배워야 했기 때문에 진력이 날 정도였다. 이것을 이겨내지 못한 일부 관원들은 승급심사를 하지 못하고 중도에 그만 두기도 했다."

◆ 스승 이원국은 어떤 사람이었나?

"스승님은 주로 일본 송도관에서 배운 대련과 형을 가르쳤다. 일본 유학시절 큰 스승과 젊은 사범에게 가라테를 배운 이원국 스승은 무게가 있고 가벼운 기술과 동작을 두루 섭렵한 무도인이었다. 그는 '발이 주먹보다 3배나 힘이 있다. 다만 주먹보다는 발의 동작이 느리다'고 설명하면서 무술을 가르쳤다."

◆ 남들보다 잘했던 주특기는 무엇이었고, 누구에게 어디서 배웠나?

"나는 몸이 날렵해 형보다는 대련을 잘했다. 자화자찬 같지만 발기술은 누구도 따라올 수 없었다. 이원국 스승에게 옆차기와 돌려차기를 배웠다. 옆차기는 높게 안 차고 가슴과 복부를 겨냥했다. 스승님은 직접 몸으로 보여주며 가르치기보다는 말로 설명했다. '모션(motion)'이라고 보면 된다. 나는 한국전쟁(6. 25)이 일어나기 전에 이러한 기본 발차기를 나의 체형에 맞게 습득해 응용하고 창안했다. 그래서 나온 것이 '이단 옆차기'와 '뒤돌려차기', '돌려 옆차기' 등이다. 이런 기술은 나밖에 하지 못했다."

◆ 좀 더 구체적으로 주특기를 설명하면? 그리고 파괴력 등 효과는 어떠했나?

"이단 옆차기는 두 가지다. 서 있는 그 자리에서 점프해 차는 것과 앞으로 나가면서(도약하면서) 뒷발을 앞으로 쭉 뻗어 차는 것이다. 체중을 실어 뒷발로 차면 맞은 상대는 뒤로 나자빠질 수밖에 없다. 이단 옆차기를 맞고 쓰러지지 않은 사람은 없었다. 그만큼 파괴력이 컸다. 1954년쯤 승단심사 때 4단에 응심한 박철희(강덕원 창설자)와 맞붙었는데, 그 때도 내가 구사한 이단 옆차기를 맞고 박철희가 뒤로 넘어졌다. 발로 복부를 차는 것이 아니라 가슴 윗부분을 차야 한다. 나는 주먹보다 빠른 발기술을 익히기 위해 하루에 500번 정도 이단 옆차기를 했다. 뒤돌려차기는 이원국 스승에게 돌려차기를 배운 후 내가 창안했다. 왼발을 중심축으로 삼고 컴퍼스처럼 한 바퀴 돌아 상대방의 얼굴을 찼다. 돌려 옆차기는 상대방과 겨루다가 앞발을 틀어 몸을 빨리 돌린 다음 배를 차는 것인데, 제대로 맞으면 땅바닥에 주저앉을 수밖에 없다. 내가 이런 발차기 기술들을 잘 구사하다 보니 선배 유단자들은 나와 대련을 하는 것을 꺼렸다."

◆ 이런 발차기 주특기를 누구에게 언제 전수했나?

"1950년대 후반부터 60년대 청도관 제자들에게 가르쳤다. 특히 정석종과 이관영은 내가 귀찮아 할 정도로 찾아와서 발기술을 가르쳐 달라고 했다. 프랑스로 건너간 이관영은 나에게 배운 이단 옆차기를 잘 했다. 서울대와 육군사관학교 생도들에게는 이런 발차기 기술을 가르치지 않았다. 물론 무덕관, 지도관 등 다른 관원생들에게도 가르치지 않았다."

◆ '좌대련(座對鍊)'은 누구에게 배웠나?

"나는 연무시범 때 장도(長刀)를 들고 하는 무기술과 앉아서 하는 좌대련을 주로 했다. 좌대련은 두 사람이 마주 보고 무릎을 꿇고 앉아서 공격과 방어를 하는 것이다. 즉, 무릎을 꿇고 앉아서 발은 사용할 수 없지만 손으로 막고 치는 동작으로 상대방을 넘어뜨렸다. 이 좌대련도 내가 창안해 전수했다. 좌대련은 서로 호흡이 맞아야 하기 때문에 파트너가 중요했다. 주로 박해만과 함께 했다. 1950년대 중반 청도관 유단자들에게 가르쳤다."[50]

---

50 엄운규 인터뷰, 2016년 5월 31일, 청도관 사무실

이상의 인터뷰 결과를 살펴보면 다음의 사실들을 알 수 있다.

첫째 청도관의 관원들은 대부분 이원국에게 직접 태권도 지도를 받지 않았다. 실제로 태권도를 지도한 사람들은 도장 내의 상급자들이었고 그 위계질서 속에서 이원국은 가끔씩 제자들에게 설명을 했을 뿐이었다. 그리고 실제로 동작을 보여준 경우는 많지 않고 주로 말로 설명했다.

둘째 청도관에서 실질적으로 제자들을 길러낸 엄운규는 스스로 기술들을 창안했다. 이단옆차기의 기술들은 이원국에게서 배운 것이 아니라는 점을 분명히 했는데, 이에 대해서는 당시에 같이 수련했던 주변의 지인들도 모두 동의한다.

셋째 엄운규가 창안해낸 모든 기법들은 손기술이 아니라 발기술이라는 점이 중요하다. 왜냐하면 민속무예로서 택견의 전통이 발차기 기법 중심이며, 이것이 태권도에 문화적으로 전승되었다고 볼 수 있기 때문이다. 이것이 엄운규 혼자만의 경우라면 일반화할 수 없을 테지만 다른 태권도인들의 증언들 속에서 포괄적으로 발견할 수 있다. 즉 모든 사람들이 태권도 발차기를 '스스로' 창안해냈다고 한다. 이것은 이후 1970년대까지 태권도 수련자들에게서 지속적으로 발생한 일이다.

김상천

◆ 언제 어떻게 태권도를 시작했는가?

"10살 때 시작했다. 7남매 중에서 유독 몸이 허약해서 아버지 손에 이끌려 태권도를 배우기 시작했다."

◆ 각 개인의 특기 기술은 무엇이고 그것을 어떻게 습득했는가? 아니면 스스로 만든 것인가? 만약 스스로 만들었다면 어떠한 계기로 만들었는가?

"나의 특기기술은 공격형 얼굴 옆 발차기다. 오도관 출신인 사범님에게 태권도를 배워 꾸준한 연습을 통해서 매일 수련한 결과 대회에 나가 저의 특기기술이 되었다. 물론 다른 발차기들도 연습을 했는데 특히 얼굴 옆 발차기가 다른 선수들에게 위력이 된 것 같다. 각 관 선수들은 특기발차기가 있었기 때문에 매번 경기에 똑같은 기술을 사용하면 술수가 읽히기 쉬워 다른 선수들의 경기를 관찰하던 도중 대부분의 선수들이 직선 위주로 나와서 경기를 진행하는 것을 보고 한번 좌측으로 갔다가 경기에 들어가자 생각하고 경기에 임하니 선수가 당황해하는 것 같았다. 그리고 다음 경기에서 좌측 우측을 한번씩 빠르게 왔다 갔다 하면서 바로 옆차기를 하니 더 수월하게 득점을 낼 수 있었다. 이때가 고등학교 3학년 때이다. 제가 만든 발차기가 좌우로 빠지면서 차기이다. 물론 처음 해보는 기술이라서 다른 발차기보다 많은 노력이 필요했다. 하지만 처음 해보는 기술이고 하니 신이 나서 했던 기억이 난다."

◆ 주변 태권도인들의 특기 기술은 무엇이고 그것을 어떻게 습득했는가?

"김종기 선수는 뒤차기로 세계태권도선수권대회 3연패, 아시아선수권대회 3연패를 차지했다. 정국현 선수의 턴차기는 한재구 선수가 먼저 사용한 것으로 안다."

◆ 구체적인 수련 내용은 무엇인가?

"초등학교, 중학교는 아침운동(오전 5~7시) 때에 체력훈련을 실시했다. 내 기억으로는 거의 산을 탔다. 그리고 방과 후 도장으로 와서 저녁운동(오후 5~7시)을 했다. 초등학교와 중학교 때는 겨루기 운동부가 아니었기 때문에 아침운동과 저녁운동에는 태권도 기술을 주로 연습했으며 주말에는 거의 도장에서 합숙하면서 지냈다. 도시락을 싸서 산에도 가고. 당시에는 주말이 정말 싫었다. 체력훈련이 평일보다 더 많아지기 때문이었다. 주말에 개인훈련도 함께 했었다. 잘 안 되는 동작들을 연습했다. 초등학교와 중학교 때 미군부대에 가서 시범을 선보였다. 특히 중학교 때는 미군들과 겨루기를 실시했는데 그때 파워와 체력에 대한 필요성을 느꼈다. 그래서 사범님도 체력훈련에 집중을 했다. 논두렁이나 판판한 길이 아니라 높낮이가 낮은 밭이었는데 지금 생각하니 발목강화 훈련이었다. 지금도 그렇지만 태권도에서 발목이 많이 중요한데 그때 연습을 통해 많이 강화되었다. 그리도 당시 미군부대원들의 반응이 좋았다. 어떠한 루트로 부대를 가게 되었는지 잘 몰랐지만 태권도 소개와 홍보를 하기 위해 갔다. 당시 사범들은 경험에 의한 기술 지도를 했기 때문에 연습경기를 많이 했다. 다른 선수의 경기를 보면서 따라해 보기도 하고 또 내가 안 되는 부분을 연습을 많이 했다. 고등학교에 진학해서는 운동부로 들어갔으며 좀 더 체계적인 방법으로 태권도를 했다. 초·중학교 때는 한 달에 한 번은 다른 시, 도로 시범을 갔다. 다른 시에 있는 도장에서 겨루기 시합도 했고 큰 시에 방문했을 때는 시범도 보였지만 고등학교 때는 따로 시범을 하진 않았고 겨루기 위주로 태권도를 했다. 아침운동(오전 5~7시)으로 시작해서 방과 후(오후 2~6시)에는 체력운동, 기본발차기, 연습겨루기, 실전겨루기로 훈련이 진행이 되었고 저녁(오후 7~10시)에는 개인운동을 실시했다. 형(품새)은 거의 개인운동시간에 했다. 겨루기 위주로 연습을 했기 때문에 시범과 형은 초등학교와 중학교 때처럼 실시하지 않았다. 체력운동은 산 타기, 아침에 조깅 등으로 시작했으며 그리고 나서 기본 발차기, 미트 발차기를 실시했다. 그리고 연습겨루기는 호구만 착용하여 전체적으로 함께 겨루기를 했다면 실전겨루기는 호구에 아대까지 전부 착용해서 정말 실전처럼 두 명만 경기를 진행하고 나머지는 앉아서 관람을 했다. 경기가 끝나고 사범님의 교정, 보완, 수정이 이루어졌다."

◆ 무슨 발차기를 주로 했으며, 그 발차기의 이름은 무엇이었는가?

"저의 특기기술은 공격형 얼굴 옆 발차기다. 제가 만든 발차기가 좌우로 빠지면서 얼굴 돌려 차기이다. 여러 경기를 보고 혼자 개발했다."

◆ 실제로 발차기 연습이나 기본 동작 연습을 했으면 그것을 겨루기 연습 때 썼는가?

"기본발차기와 연습겨루기, 실전겨루기로 체계적으로 연습을 했다. 그리고 실전겨루기를 통해 가장 위력이 있고 잘하는 발차기를 연습하고 실전에 사용했다."

◆ 품새나 겨루기 연습 외에도 배우거나 가르친 것이 있는가?

"거의 체력운동, 미트 발차기, 연습겨루기, 실전겨루기, 개인운동으로 훈련이 진행되었다. 고등학교 이후로는 품새는 개인운동시간에 배웠다. 본인기술은 개인이 터득했고 지속적으로 자기개발 시간을 가졌다."

◆ 도장의 관원은 몇 명이었는가?

"100명 정도였다. 계속 관원이 유지되지는 않았다. 중학교 때는 60명 정도였다."

◆ 기본 동작, 품새, 겨루기 순으로 수련했는가? 각 부분 수련 시간의 정도는?

"초등학교와 중학교 때는 몸 푸는 시간에 품새를 실시했다. 그리고 고등학교 때는 개인운동 시간, 그리고 선수들이 많이 힘든 날 겨루기 실시 시간에 품새를 종종 하곤 했다."

◆ 기본 동작들의 목록은 어떻게 이루어 졌는가? 어떤 발차기들을 수련했는가?

"당시에는 기본 발차기 앞차기, 돌려차기, 옆차기, 찍어 차기, 뛰어 앞차기, 뛰어 들이밀기, 회축, 주먹 찌르기, 앞발 회축 등 메인겨루기 경기에 들어가기 앞서 미트 발차기를 하였다."

◆ 정규 수련시간 외에 개인 수련시간에 누가 어떤 발차기 혹은 어떤 기술을 수련했는가?

"1973년 세계태권도선수권대회 이후로 기술이 다양해지기 시작했다. 변형된 발차기들이 이 당시 많이 나왔고 한 번의 단조로운 공격보다는 기존의 단타에서 연타, 몸통에서 얼굴, 얼굴에서 머리로 공격이 바뀌었고 뛰면서 공중에서 발차기, 좌우 빠지면서 돌려차기 등 발차기 기술들이 단조로운 발기술에서 다양성을 띠었다."

◆ 관장님들이 학생들을 지도한 시간이 적다면 다른 누가 누구에게 무엇을 어떻게 가르쳤는가?

"사범님과 거의 매일 붙어있었다. 자리를 비우는 날에는 선배와 친구끼리 훈련을 실시했다."

◆ 기술과 태권도 실제 수련 내용에 대해 자세히 말해 달라.

"실전겨루기를 통해 특기 발차기를 개발, 한 가지 기술을 통해서는 대회에 나가 우승할 수 없었다. 당시는 연습량을 최우선으로 생각했다. 그리고 연습량의 성과는 동계훈련이 끝난 후에 나타났다. 한 가지 기술만을 가지고 있을 경우 바로 견제의 대상이 되기 때문에 동계훈련이 끝난 후에는 업그레이드가 되어 있어야 했다. 12, 1, 2월이 끝난 후 많은 연습량과 동시에 특기발차기를 개발할 수 있었다."

◆ 당시 태권도 시범을 본 사람들의 반응, 예를 들어 발차기나 돌려차기를 처음 본 관중들의 반응은 어떠했는가?

"처음 접했던 관중들은 많이 놀랐던 것 같다."

◆ 태권도 시범의 구성은 어떻게 진행이 되었는가?

"당시에는 지금처럼 품새, 겨루기, 시범의 기술이 구분되어 있지 않았고 겨루기 선수들이 시범도 함께 실시했다. 지금의 기술보다는 위력에 중점을 두어 시범을 실시했고 기본적인 시범은 위력과 겨루기로 이루어져 있었다. 경기에서 썼던 발차기를 주로 썼다."

◆ 교본의 내용과 실제 수련했던 태권도 기술과 태권도수련의 내용이 다른가?

"책에 나와 있는 형의 기본은 같았으나 각 관의 형이 조금씩 달랐다. 그리고 겨루기는 교본에 내용이 나와 있지 않았다."

◆ 시범은 기술을 어떻게 습득하였는가? 누구에게 배우고 어떠한 기술을 했으며 얼마나 연습했는지? 그리고 본인의 대표 기술이 있었는지? 있었다면 본인이 개발했는지 누구에게 전수를 받았는지?

"당시에는 지금처럼 품새, 겨루기, 시범의 기술이 구분되어 있지 않았고 겨루기 선수들이 시범도 함께 실시했다. 지금의 기술보다는 위력에 중점을 두어 시범을 실시했고 기본적인 시범은 위력과 겨루기로 이루어져 있었다. 경기에서 사용한 발차기를 주로 썼다."

　이상의 증언에서 엄운규와 김상천이 모두 도장에서 수련한 내용과 발차기 기법의 체득 및 전파 과정이 일치하지 않는다는 점을 발견할 수 있다. 당시 도장에서는 기본동작, 품새, 겨루기 등으로 수련하였고 '한 번 겨루기', '세 번 겨루기' 등이 겨루기의 주를 이루었으며 그 기법들은 주로 가라테와 유사한 손동작 중심이었다. 하지만 태권도의 실질적인 기법들은 각자가 선배와 친구들끼리 수련하면서 스스로 개발하였고, 그것들이 중요하게 전파되었다. 그러므로 다음과 같은 점을 고려해야 한다.

　첫째 태권도의 발차기 기법들이 경기를 통해서 생겨났다는 주장은 사실과 다르다. 엄운규의 태권도 기법은 경기를 위해서 개발한 것이 아니었다. 이원국 관장으로부터 태권도를 배우던 시기에 스스로 발차기를 개발해냈다.

　둘째 여러 도장에서 많은 태권도인들이 개발해낸 각자의 태권도 기법들은 모두 '발차기' 기법이었다. 태권도가 해외에 알려지기 전까지 발차기 기법은 중국과 일본을 포함한 다른 문화권에서 매우 흔하지 않은 격투 기법이었다. 한국에서만 발차기 기법들이 많이 개발되었는데, 이 기법들은 택견의 발차기와 매우 비슷하다. 택견은 현재에도 전승되는 민속 무예여서 태권도와의 문화적 연관성을 부정하기 매우 어렵다.

엄운규

◆ 1940년대 후반과 50년대 초, 청도관에서 단체로 수련할 때 무슨 발차기를 했나?

"앞차기와 돌려차기 등을 했다. 우리는 앞차기를 기본 발차기라고 했는데, 이런 앞차기는 일본 가라테의 영향을 받았다. 주로 배꼽 언저리를 겨냥해 높게 차지 않았다. 일본에서 가라테를 배운 스승 이원국 관장도 그러했다. 하지만 나는 가라테 앞차기를 응용해 머리 위까지 높게 찼다."

◆ 그렇다면 당시 돌려차기도 가라테의 영향을 받았는가?

"그렇다. 하지만 현재 태권도 돌려차기와는 많이 다르다. 스승 이원국 관장은 '모션'으로 돌려차기를 가르쳤는데, 뒷다리를 중간쯤에서 돌려서 상대방 안면(얼굴)을 찼다. 그런데 뒷다리를 완전히 쭉 뻗어 둥그렇게 돌려서 차지 않아 안면에 맞는 확률이 적었다. 나는 이러한 돌려차기를 응용해 컴퍼스처럼 뒷다리를 완전히 빙- 돌려서 찼다. 당연히 상대방 안면을 가격하는 확률이 높았다."

◆ 지난번 인터뷰 때 자신이 창안했다고 했던 뒤돌려차기는 요즘의 회축인가? 또 돌려 옆차기(뒤돌아 옆차기)는 어떻게 차는 것인가?

"뒤돌려차기는 회축으로 보면 된다. 옆차기는 복부, 이단 옆차기는 가슴팍, 뒤돌려차기는 얼굴의 턱을 겨냥했다. 뒤돌아 옆차기도 내가 창안했는데, 상대방을 보고 움직이면서 앞다리의 앞발을 뒤로 틀어준 후 순간적으로 뒷다리를 뒤로 돌려 복부를 찼다. 뒤돌아 옆차기는 이단 옆차기처럼 쉬운 기술이 아니다. 중요한 것은 발가락 부위나 발바닥으로 차는 것이 아니라 뒤꿈치로 차야 파괴력이 있다. 흉내 낸다고 해서 다 할 수 있는 게 아니다."

◆ 그렇다면 이런 발기술을 누구에게 가르쳤나. 전승 과정이 궁금하다.

"단체로 수련할 때는 기본 발차기만 했다. 별도로 특기를 가르치지 않았다. 일일이 전수한 것이 아니라 뭔가 배우려고 하는 제자들이 찾아오면 가르쳐 주었다. 나는 주특기를 개발하기 위해 일주일에 일요일만 제외하고 거의 연습을 했다. 옆차기와 돌려차기를 하루에 300번 이상 할 때도 있었다. 옆차기는 왼발 오른발 번갈아 가며 찼다. 그랬더니 발을 뻗는 속도가 손보다 더 빨라졌다. 그런 모습을 본 후배들과 제자들이 나를 찾아와 가르쳐 달라고 했다. 배우고자 하는 열성과 소질이 있는 제자들이 찾아와 귀찮게 하면 직접 몸으로 보여주며 이건 이렇게 하고, 저건 저렇게 하라는 등 발 위치와 동작을 설명해주었다. 내가 창안한 발기술을 제대로 배운 제자가 정석종과 이관영이다. 내가 가르쳐준 동작과 기술을 혼자서 흉내 내고 연마하다가 모르면 다시 나를 찾아오곤 했다. 그럴 때면 다시 가르쳐주었다. 당시에는 단체로 기술과 동작을 전수하지 않았다. 열성이 있고 소질이 있는 제자들에게 가르쳤다."

◆ 이러한 기술들을 실제로 사용해 본 적이 있는가. 그리고 효과는 어땠나?

"자주 있는 일은 아니지만, 가끔 동네에서 건달 등과 무지막지하게 싸울 때는 그동안 터득한 기술을 사용했다. (뒤)돌려차기로 상대방의 얼굴과 턱을 강타하면 그대로 나자빠졌다. 1950년대 초 종전(終戰) 전 이승만 대통령 탄신일을 기념해서 무술 연무대회가 서울에서 열렸다. 당시 서울시청 인근의 조선연무관(지도관) 권법부에서 한 것 같은데, 유도와 검도, 당수도(태권도)를 선보였다. 태권도는 청도관과 지도관, 창무관을 대표해 한 사람씩 나와 대련을 하기로 되어 있었다. 청도관을 대표해 내가 나갔다. 당시 대련 실력은 나를 따라올

자가 없었다. 무슨 이유가 있었는지 모르지만 창무관을 대표한 사람은 나오지 않았고, 지도관에선 배영기가 나오기로 되어 있었는데 나보다 얼굴 하나가 더 있을 정도로 키가 큰 이종우가 나왔다. 약속 대련이 아니라 진짜 대련을 하는 것이어서 내 실력을 과시할 수 있는 절호의 기회였다. 그런데 문제가 생겼다. 당시 청도관은 마룻바닥에서 수련을 했는데, 당시 바닥에는 두툼한 매트가 깔려 있었다. 디딤발이 푹 들어갈 정도였다. 내가 불리할 수밖에 없었다. 바닥을 딛고 공중으로 떠서 이단 옆차기 등 발차기를 구사해야 하는데, 푹신한 매트 때문에 도약이 되지 않았다. 체중을 실어 얼굴을 겨냥해 찼는데 이종우의 가슴팍이 맞았다. 대련이 끝난 후 탈의실에서 도복을 갈아입는데 이종우가 농담 반 진담 반으로 '여보, 살살 차지 뭘 그렇게 심하게 해'라고 말했다. 이종우의 가슴을 보니 시퍼렇게 멍이 들어 있었다."[51]

이상의 구술을 종합하면 엄운규를 중심으로 한 실질적인 태권도 발차기 기법들의 소사(小史)를 정리할 수 있다. 요약하면, 엄운규의 주특기는 발 기술이었고 이원국으로부터 옆차기와 돌려차기를 배웠다. 당시 이원국이 가르친 옆차기는 높게 차지 않고 가슴과 복부를 겨냥했다. 이원국은 수련 자들에게 "직접 몸으로 보여주고 가르치기보다는 말로 설명했다." 이후 엄 운규는 한국전쟁(1950년)이 일어나기 전에 청도관에서 배운 발차기를 자신 의 체형에 맞게 습득하고 응용했으며 또한 스스로 '창안했다'고 말한다. 그 결과가 이단옆차기와 뒤돌려차기, 돌려 옆차기, 오늘날의 뒤차기에 해당하 는 뒤돌아 옆차기 등이다.

엄운규가 응용해 발전시킨 이단옆차기는 두 가지로 나뉜다고 한다. 하

51 엄운규 보강 인터뷰, 2016년 6월 14일, 청도관 사무실

나는 서 있는 그 자리에서 점프해 차는 것이고 다른 하나는 앞으로 나가면서(도약하면서) 뒷발을 앞으로 쭉 뻗어 차는 것이다. 체중을 실어 뒷발로 차면 맞은 상대는 뒤로 나자빠질 수밖에 없을 만큼 이단옆차기의 파괴력이 컸다고 한다. 예를 들어 1954년 승단심사 때 4단에 응심한 박철희(강덕원 창설자)와 맞붙였는데, 그 때도 엄운규가 구사한 이단옆차기를 맞고 박철희가 뒤로 넘어졌다. 엄운규가 강조하는 이단옆차기의 기술적 핵심은 발로 복부를 차는 것이 아니라 가슴 윗부분을 차야 한다는 것이다.

뒤돌려차기는 오늘날의 뒤후려차기이다. "왼발을 중심축으로 삼고 컴퍼스처럼 한 바퀴 돌아 상대방의 얼굴을 찼다"는 설명에서 같은 기술임을 알 수 있다. 이것은 엄운규가 이원국으로부터 돌려차기를 배운 후에 스스로 창안했다고 말하는 발차기이다. 돌려 옆차기는 "상대방과 겨루다가 앞발을 틀어 몸을 빨리 돌린 다음 배를 차는 것"이므로 옆차기의 변형 정도로 보인다.

구술에 따르면 엄운규는 1950년대 후반부터 1960년대 청도관 제자들에게 태권도를 지도했다.

이상의 검토를 기반으로 다음과 같은 사실들을 유추할 수 있다.

첫째 이원국이 지도한 태권도와 엄운규가 지도한 태권도는 기술적으로 매우 다르다. "일본 유학시절 큰 스승과 젊은 사범에게 가라테를 배운 이원국 스승은 무게가 있고 가벼운 기술과 동작을 두루 섭렵한 무도인"이었다는 증언이 있다. 그는 "발이 주먹보다 세 배나 힘이 있다. 다만 주먹보다는 발의 동작이 느리다"고 설명하면서 무술을 가르쳤다. 그렇다면 발차기 못지않게 손기술에 많은 비중을 두었을 수도 있다.

둘째 이원국은 태권도를 제자들에게 많이 가르친 것 같지 않다. 청도관 수련에서 이원국은 중요한 일이 없을 때면 도장에 나갔지만, 그가 도장에 나갔을 때도 사범들이 기본 동작을 주로 지도했으며 이원국은 지켜보는 역할을 했다. 아마도 뭔가가 잘못되면 지적했을 것이다. 또한 가르칠 때도 말로 설명하는 편이었다. 이원국은 천천히 몸을 움직여 기법 내용을 보여 주면서 말로 설명했는데 엄운규는 시범을 보이며 동작을 설명했다. 엄운규는 실질적인 기법의 전수라는 목적에 더 충실했다.

셋째 이원국에서 엄운규로 이어지는 무술 기법의 전승 과정에서 중대한 변형과 응용이 일어났다. 엄운규는 이원국에게서 배운 것을 응용했다고 말하지만 변형의 폭은 응용 수준을 벗어날 정도로 폭발적이었다. 오늘날의 기준에 비추어 태권도 기법 체계의 중심은 발차기에 있다. 발차기의 중요한 기술은 앞차기, 돌려차기, 옆차기, 내려차기, 뒤차기, 뒤후리기 등이다. 이원국의 발차기는 송도관 가라테의 특징이 강하다. 앞차기의 경우 가라테의 발차기는 배꼽 언저리를 겨냥하는데 엄운규는 얼굴 발차기까지 단번에 응용했다. 엄운규의 발차기는 오늘날과 유사한 뒤후리기와 뛰어 옆차기 등의 기술이 포함되어 있다. 뒤차기(뒤돌아 옆차기)도 이원국의 수련 체계에는 없고 엄운규가 후배들에게 가르친 기법에만 포함되어 있다.

한편 창무관 4대 관장이었던 김중영의 구술을 살펴보면 모든 관에서 태권도의 발차기 기법들이 동시에 즉각적으로 발전하지 않았음을 짐작할 수 있다.

김중영

◆ 언제 누구에게 태권도를 배웠나?

"나는 1942년 충남 서천에서 태어났다. 1953년 서울로 올라가 당시 중앙청 인근에 있던 창무관 중앙본관에서 태권도를 배웠다. 내 스승은 당시 창무관 중앙본관 사범으로 있던 김순배(창무관 3대 관장, 2015년 타계)였다."

◆ 김순배 관장은 어떤 사람인가. 그에게 어떤 기술과 동작을 어떻게 배웠나?

"김순배 스승님은 1930년생으로 경기도 양평 출신이다. 서울 한양중을 다니던 1946년 YMCA 권법부(창무관)에 입관해 윤병인 관장에게 중국 무술과 태권도를 배웠다. 김순배 관장은 키가 180cm로 거구여서 다리가 길었다. 그래서 앞차기를 특히 잘했고, 옆차기와 뒤차기, 형도 잘하는 편이었다. 제자들을 가르칠 땐 몸소 동작과 기술을 보여주었다."

◆ 구체적으로 1950년대 중반 창무관 수련 내용과 환경을 설명하면?

"하루 세 번 조간부(朝間部)-학생부-일반부로 나눠 수련을 했다. 수련생은 주로 중학생과 청년들이었는데 정확히 몇 명이었는지는 기억이 안 난다. 보통 각 부별로 하루 두 시간 태권도를 했는데, 그 순서는 기본동작을 먼저 하고 형과 대련을 했다. 막고 치고 넘기는 호신술도 했고, 창무관 입구에 격파 단련을 하기 위해 나무를 세워 놓고 짚으로 꼬아 만든 새끼줄을 동여맨 기구(권고대)를 손날과 주먹으로 치기도 했다. 일보대련은 무급부터 3급 빨간 띠까지 했고, 삼보대련은 6급 파란 띠까지 했다. 3개월에 한 번씩 승급심사를 했는데, 1년이 지나야 6급이 될 수 있었다. 대개 3년이 지나야 1단을 딸 정도로 엄격했다."

◆ 남들보다 잘했던 기술과 동작은 있었나. 함께 태권도를 수련했던 사람들은?

"특별히 잘하는 기술은 없었다. 김순배 관장에게 배운 앞차기와 옆차기, 돌려차기, 뒤차기는 제법 했다. 1960년대 중반 창무관 선수로 대회에 참가할 때 주로 이런 기술을 구사했는데, 경기하다가 이단 옆차기를 차고 바닥에 잘못 떨어져 어깨를 다친 뒤로는 특별한 기술을 발휘하지 못했다. 당시 창무관 출신으로 선수 생활을 함께 한 사람은 서영준, 심현덕 등이다. 모두 기본 발차기는 잘했다."

◆ 언제부터 무슨 동기로 제자들을 가르쳤나?

"1957년 창무관 중앙본과 사범(스승)이었던 김순배 스승이 서울 동대문구 전농동 인근에 창무관 서울본관을 차려서 따라갔다. 당시 나는 3급 빨간 띠였는데, 그 곳에서 기거하면서 태권도를 배웠다. 국민학생부터 중학생, 고등학생, 청년 등 100명 정도 됐다. 어느 날 김순배 관장이 아침 6시부터 시작하는 조간부를 맡아 태권도를 가르쳐 보라고 해서 12명 정도 되는 무급과 하얀 띠들을 가르쳤다. 주로 신문팔이와 10대 중반들이 나에게 태권도를 배웠다."

◆ 주로 어떤 기술과 동작을 가르쳤나?

"특별한 것이 없었다. 김순배 관장에게 배운 기본동작과 형, 대련 등을 가르쳤다. 발기술은 앞차기, 옆차기, 돌려차기, 뒤차기 등을 가르쳤다."

◆ 그 당시 태권도와 관련된 일화는?

"1958년인가 청도관 엄운규 관장과 창무관 이남석 관장이 서울 종로 YMCA 뒤편 청운회관에서 관(館) 교류 연무대회가 있었는데, 두 분이 직접 나와 약속 대련을 시연했다. 그런데 엄 관장이 손으로 이 관장의 어깨를 내려치

려다가 얼굴을 때렸다. 그러자 이 관장이 그만하자고 했다."[52]

여기서 창무관의 구체적인 기법 수련 내용을 살펴볼 수 있다. 창무관 태권도에는 중국무술의 영향이 다소 컸던 듯하다. 왜냐하면 발차기 기법보다 손의 기법들이 주류를 이루었던 것 같기 때문이다. 그럼에도 불구하고 김순배 관장 역시 앞차기, 옆차기, 돌려차기와 더불어 '뒤차기'까지 지도했다는 사실이 눈에 띈다. 이 뒤차기는 가라테를 포함한 다른 무예와 구분되는 태권도의 중요한 기본 발차기 기법이다. 그 밖에 김중영의 증언에서도 창무관 태권도인들 역시 발차기를 잘했다는 사실을 확인할 수 있다.

이런 점들을 고려할 때 초기 전통주의적 태권도사를 발전시킨 이선근의 주장은 매우 사실과 근사함을 알 수 있다. 이선근은 최홍희가 택견의 특징인 발의 기술과 수박의 장점인 손의 기술을 토대로 현대적이고 과학적인 한국 전통무예 태권도를 만들었다고 주장하고 있다.[53]

52　김중영 인터뷰, 2016년 6월 9일, 서울 창무관 사무실

53　최석남(1955), 『권법교본: 화랑도와 권법(拳法敎本: 花郎道와 拳法)』, 동아문화사. 유사한 내용이 이 자료에서도 발견된다. 그러나 이 책자에서 최석남은 우리나라의 역사에 나타난 도수무예를 권법으로 규정하고 있다는 점에서 그것을 태권도로 규정한 이선근과는 차이를 보인다.

1950년대 태권도의

특징과 변천

        현대 태권도의 근원에 대한 질문은 언제나 강박관념처럼 태권도 연구자들의 의식을 지배해왔다. 근원에 대한 질문은 필연적으로 정체성을 묻지 않을 수 없게 하며 민족과 문화의 줄기를 출토해 나가는 작업은 숙명이 된다. 이 과정에서 결코 우회하거나 외면할 수 없는 대목은 가라테와 현대 태권도의 관계이다. 학자에 따라 태권도가 가라테에서 가지를 쳐서 나온 한 갈래라는 관점을 직·간접적으로 제시하기도 하며 가라테의 기원을 한반도에서 전래된 우리 무술에서 찾고자 하는 시도도 있다. 태권도사의 연구란 얼마간 가라테 유입설 내지는 관련설과 일정 거리를 두고 투쟁과 논쟁의 불가피성을 실감하지 않을 수 없게 한다. 1950년대는 투쟁과 논쟁, 연구자들의 대립과 연대가 시작된 지점인 동시에 그 자체로서 치열한 전선(戰線)을 형성하고 있는 곳이다. 태권도

연구자들의 중심적 인식은 대체로 가라테 유입설을 부정하는 가운데 우리 전통무예의 현대적 변용이라는 관점에 수렴한다. 다음은 태권도와 가라테의 특징 및 관련성을 간략하게 정리한 매스 미디어 자료를 요약한 것인데, 안용규와 허건식의 자문을 거쳤다는 부속 기술이 있다.

태권도는 '발'을 뜻하는 '태', '손'을 뜻하는 '권'과 '무도를 통한 수련의 길'을 뜻하는 '도'가 합쳐진 한국 고유의 전통 무술이다. 많은 학자들이 신라시대 때 활발했던 수박, 덕견이 등이 고려·조선시대에 수박, 택견 등의 맨손 무예로 이어진 것을 태권도의 기원이라고 주장하고 있다. 일제강점기에 일제는 택견, 수박과 같은 우리 고유의 무예를 탄압하였다. 이때 우리 전통 무예가 일제의 규제를 받았기 때문에 어떤 학자들은 일제강점기를 거치면서 태권도가 가라테의 영향을 받았다고 주장하기도 한다.

태권도는 2000년 시드니올림픽에서 정식종목으로 채택됐고, 현재는 203개국 약 1억 명이 수련하는 세계적인 무예 스포츠로 발전했다. 주로 머리와 몸통을 주먹과 발차기로 가격했을 때 점수를 얻는다. 실제로 발차기와 주먹 가격이 이루어지기 때문에 신체를 보호하기 위해 몸통, 머리, 팔다리, 손발 보호대 등 보호장구를 갖추어야 한다. 태권도는 관객들의 몰입도와 흥미를 높일 수 있는 새로운 규칙들을 계속 개발해 왔다. 몸통 공격에 1점 주던 것을 몸통 주먹 공격에는 1점, 몸통 발차기 공격에는 2점을 주는 식으로 세분화하고 손을 사용하는 몸싸움도 허용했다. 3초 이상 다리를 들어 올려 상대방 공격을 막는 기술은 무조건 감점으로 바뀌었다. 방어 중심의 공격에서 적극적이고 빠른 공격력을 보여주는 기술을 늘려 흥미를 높이려는 시도다.

가라테를 뜻하는 한자어 '공수도'를 살펴보면 '공'은 '텅 빈', '수'는 '손'을 뜻하고, '도'는 '무도의 길'을 뜻한다. 그러므로 가라테는 맨손으로 몸과 마음을 단련하고 외부 공격으로부터 자기 몸을 방어하는 운동이다. 옛 류큐왕국(오키나와)에 있던 독자적인 무술이 중국 권법의 영향을 받았다는 설과 고대 인도에서 발생한 무술이 중국과 우리나라를 거쳐 '오키나와테'로 일본에 전파된 것이라는 설이 있다.

가라테 경기는 머리, 목, 복부, 가슴, 등, 옆구리 등을 손이나 발로 공격하면 점수를 얻는다. 대한공수도연맹에 따르면 가라테 경기는 실제로 가격하지 않고 상대의 몸에 닿기 직전에 공격을 멈추는 '끊어 치기 기술'을 사용하기 때문에 발목보호대와 글러브 정도의 보호 장구만 낀 채로 한다. 가라테도 올림픽 정식 종목으로 채택되기 위해 여러 가지 규칙을 바꿔 왔다. 모든 경기가 남자 3분, 여자 2분으로 진행됐지만 2009년 이후 준결승과 결승은 1분을 추가하도록 규정을 변경했다. 가장 높은 점수를 얻는 3점 기술은 상대를 넘어뜨린 뒤 손이나 발로 공격을 성공시키는 것뿐 아니라 상대가 스스로 넘어진 상태에서 공격을 성공해도 인정하기로 했다. [54]

1950년대의 태권도의 특징을 알기 위해서는 여러 태권도 인사들의 기억과 당시에 출판된 태권도교본 등의 내용을 검토해야 한다. 1950년대에는 태권도와 관련이 있는 전문서적이 적지 않게 출판되어 보급되었다.

---

54 안용규와 허건식의 감수를 거쳤다. 감수 시점에서 안용규는 한국체육대 레저스포츠학과 교수, 허건식은 예원예술대 경호무도과 특임교수였다.

1950년에 나온 황기의 『화수도 교본』은 광복 이후 처음으로 출판된 태권도 관련 서적이라고 할 수 있다. 이 책은 대표적인 기술서인데 초보자용으로 보급하기 위해 초판 3,000부를 인쇄하였으나 600~700부를 판매했을 즈음 한국전쟁이 터져 발간한 지 한 달 만에 공급이 끊겼다. 다음으로 출간된 서적은 1955년 동서문화사에서 낸 최석남의 『권법교본』이다. 1958년에는 박철희가 『파사권법』을 출간하였다. 같은 해에 황기는 『당수도교본』을 출간한다.

대한민국의 1950년대는 매우 혼란스런 시기였다. 일제강점기를 벗어났으나 동시에 분단을 면할 수 없었고 남북의 갈등뿐 아니라 내부의 이념 분쟁도 심했다. 극단적인 이념의 분열은 한반도 남부의 역사와 문화를 황폐하게 만드는 데 큰 원인을 제공했다. 동족끼리 총칼을 겨누고 죽고 죽여야 했던 한국전쟁은 민족사의 비극인 동시에 이후 한반도 주민의 삶을 규정해 버린 거대한 단층(斷層)이 되었다. 한국 전통무예와 태권도의 역사 측면에서 보아도 이 시기의 혼란과 갈등은 심각한 수준이었다. 일본에서 유입된 공수도(空手道), 당수도(唐手道)라는 용어와 더불어 화랑(花郞)에서 '화(花)'자를, '공수(空手)'나 '당수(唐手)'에서 '수(手)'자를 따온 '화수도(花手道)'라는 명칭이 혼재하는 등 기존 용어와 새로운 용어의 등장으로 무술 용어가 난립하던 시기이기도 했다. 또한 황기가 1950년 첫 책을 내면서 화수도라는 명칭을 사용하고 두 번째 출간할 때는 당수도를 사용한 것으로 보아 교본을 저술한 저자마저 용어를 정립시키지 못했음을 짐작할 수 있다. 이 시기의 무술 서적들은 기본자세와 낱기술 그리고 지금의 품새라고 할 수 있는 형(形)을 중점적으로 다룬 기술서(技術書)였다.

1958년에 출판된 『당수도교본』에는 '빗차기법'이라는 설명이 나온다.

이 발차기의 기법은 사타구니 안쪽에서 바깥쪽으로 발을 차 내는 것으로서 오늘날에는 거의 사용되지 않는데, 택견의 발차기와 동일하다. 황기는 설명하기를 "앞차기 법과 옆차기 법의 중간"이라고 하였고, 동시에 "돌려차기 법에 있어 돌리는 위치와 방향이 서로 다르다"고 덧붙였다. 빗차기는 1950년대 태권도가 발전하는 과정에서 일찍이 택견의 발차기 기법이 유입된 증거라고 볼 수 있다. 태권도 학계 일각에서는 당시의 초대 태권도관 관장들이 일본에서 가라테를 익힌 유학파들이었다는 점을 들어 광복 후 태권도가 가라테에서 파생되었다는 주장을 하고 있다. 하지만 이와 같은 주장은 반론을 초래할 수밖에 없다. 이창후(2003)는 다음과 같이 썼다.

> 해방 직후 현대 태권도가 발생할 때의 상황을 살펴보자. 이 시점의 역사적 사실에 대한 내용은 강원식, 이경명이 쓴 『우리 태권도의 역사』라는 책에 충분히 잘 나타나 있다고 믿는다. 당시, 그러니까 해방 직후에 한국에서 태권도를 가르치는 도장들은 관별로 나뉘어져 있었다. 그 중 대표적이고 중요한 관은 청도관, 지도관, 무덕관, 창무관, 송무관, 오도관 등이다. 그 중에서 다른 관으로부터 분파되지 않고 설립된 관은 청도관, 지도관의 전신인 조선연무관 공수도부, 무덕관, 창무관, 송무관 다섯 개라고 할 수 있다. 이들을 살펴보면, 청도관 창설자인 이원국(李元國) 관장은 19세 때인 1926년에 일본에 건너가 그 곳에서 법학을 공부하면서 송무관 창설자인 노병직 관장과 함께 일본 공수도의 본관인 송도관에서 일본 공수도의 시조라 일컬어지는 후나고시(船越)로부터 가라테를 전수받았다. 지도관의 전신인 조선연무관 공수도부를 창립한 전상섭도 일본 유학시절 가라테를 배웠다.
>
> 하지만 창무관의 전신인 YMCA권법부를 창설한 윤병인 관

장은 어린 시절을 만주에서 보내면서 중국 무술인 '주안파'를 익힌 사람이다. 이 윤병인의 주안파 무술은 오늘날 팔극권으로 알려진 무술이다. 그는 해방 직전 일본으로 건너가 유학생활을 하면서 가라테를 배워 5단을 인정받았다. 이러한 사실은 일부 가라테 유입론자들이 이미 확인하고 있었던 사실이다. 여기에서 윤병인이 어린 시절을 만주에서 보내고 해방 직전 일본으로 건너가서 5단을 인정받았다는 것은 그가 오랜 기간 가라테를 배웠다는 말이 아니고 어린 시절에 배웠던 주안파에 대해서 가라테 5단의 실력과 동등하다고 인정받았다는 말이다. "당시 일본대학에는 가라테의 창시자인 '도야마 간켄'이 있었는데 윤병인 관장의 중국무술을 보고 한눈에 매료되었다고 한다. 그 후 그들은 서로 무술을 교류하면서 우의를 돈독히 다졌다." 이런 사실들에서 창무관 태권도는 일본 무술보다는 중국무술의 영향을 더 많이 받았음을 알 수 있다. 창무관의 초기 이름이 "YMCA권법부"였고, 그 후에도 '공수도'나 '당수도'라는 이름 대신에 '권법'이라는 이름을 썼다는 사실에서도 창무관 태권도는 중국무술의 영향을 많이 받았음을 알 수 있다. 한편 무덕관을 창설한 황기 관장은 1935년 남만주 철도국에 입사해 그 곳에서 국술을 수련했다고 한다. 이러한 주장에 대해서 태권도 원로 등은 이를 대체로 부인한다. 그것을 방증할 만한 사료가 없다는 것이 그 이유이다. 하지만 황기 관장은 적어도 가라테만을 배운 것은 아님은 확실하다. 이것은 최소한 무덕관의 품새 중에 '태극권'이 최고단자 품새로 포함되어 있었음을 봐서도 알 수 있다. 참고로 창무관의 최고단자 품새는 '팔기권'인데, 이것은 중국 무술의 한 유파인 팔극권의 한 품새이다. 이렇게 보면 일단 해방 직후에 한국에서 태권도 도장을 시작한 다섯 개 주류 중 두 개가 가라테가 아닌 중국 무술의 영향도 크게

받았음을 알 수 있다.[55]

"한국에서 태권도 도장을 시작한 다섯 개 주류 중 두 개가 가라테가 아닌 중국 무술의 영향도 크게 받았"다는 이창후의 주장은 태권도가 가라테에서 파생한 무예라는 주장에 매우 강하게 의문을 제기하고 있다. 태권도가 오로지 일본이나 중국 무술의 영향 아래서 태동했다고 한다면 현실적 근거를 건조하게 반영하여 "태권도는 가라테와 중국무술이 결합해 만들어진 무예"라고도 할 수 있는 것이다. 이창후는 태권도가 가라테와 중국무술의 혼종이라거나 가라테뿐 아니라 중국무술의 영향도 받았음을 인정해야 한다는 주장을 하고 있다기보다는 가라테 유입론에서 논리적 허구성을 찾아내기 위해 노력하고 있다.

한편으로 당시 한중일 삼국의 무예인들이 모두 가라테나 태권도, 혹은 중국무술을 별개의 무예로 구분하지 않았다는 점을 눈여겨 볼 필요가 있다. 조선연무관 권법부를 개관한 전상섭은 초대 관장으로 만주에서 주안파를 익힌 윤병인을 임명하였다. 윤병인은 그 전에 일본으로 가서 주안파를 익힌 실력으로 즉시 공수도 5단의 실력을 인정받았다. 이 일을 오늘날의 상황에 비유하자면 중국 우슈의 실력자임을 존중하여 태권도 5단을 즉시 수여하였다는 말과 같다. 오늘날이라면 불가능한 일이다. 왜냐하면 오늘날에는 각 무예인들이 자신들의 무예의 정체성을 강조하고, 타 무예의 실력자라고 하더라도 이를 인정하지 않기 때문이다. 이러한 일이 가능했던 이유는 모든 무예가 서로 다르지 않다는 인식을 공유했기 때문이었을

---

55 이창후(2003), 38~40쪽.

것이다. 최석남이 1955년에 저술한 『권법교본』이 이 사실을 증명한다. 그는 이 책의 서문에서 다음과 같이 말하고 있다.

필자(筆者)는 왜 우리 한국(韓國) 사람들이 천수백년(千數百年) 이래(以來) 육성(育成)하여 자기(自己)네 생활(生活)과 분리(分離)할 수 없는 권법을 근래(近來)에 와서 당수(唐手) 또는 공수(空手)라 호칭(呼稱)하며 심지어(甚至於)는 "가라테"라고까지 부르는가에 대하여 먼저 기(其) 근원(根源)을 밝히려 한다.

당수(唐手)나 공수(空手)나가 다 왜어(倭語) "가라테"의 한자(漢字)표시(標示)이다. 왜 그럼 우리가 부르는 권법(拳法)을 왜인(倭人)은 "가라테"라고 불렀는가. 이 점(點)에 대(對)해서는 우리 한국권법계(韓國拳法界) 인사(人士)들도 뚜렷한 근거(根據)를 알지 못하고 있으니 우스운 일이나 대한공수도협회(大韓空手道協會)니, 무슨 당수도(唐手道)니 하기에 필자(筆者)는 기(其) 반성(反省)을 여기에서 촉구(促求)하는 바이며 그 근원(根源)을 밝히려 한다. 우리 권법(拳法)이 처음으로 일본(日本)으로 수입(輸入)된 것은 제1차 세계대전(世界大戰) 직후(直後) 충승인(沖繩人) 부명요(富名腰)라는 자(者)가 왜도(倭都) 동경(東京)에 도항(渡航)하여 권법(拳法)을 주로 동경대학(東京大學) 경응대학(慶應大學) 학생층(學生層)에게 보급(普及)시킨 것이 그 효시(嚆矢)이며 연대(年代)로 따지면 불과(不過) 30여년(餘年)밖에 되지 않는다.

원래(元來) 충승(沖繩) 혹은 류구(琉球)라는 곳은 중국(中國)의 속국(屬國)이었으며 때로는 우리나라에도 조공(朝貢)을 드린 일이 적지 않으며 다소(多少) 왜국(倭國)과도 통상거래(通商去來)가 있던 것은 사실(事實)이다. 그러나 충승(沖繩)은 어디까지나 중국(中國)적인 속국(屬國)이었지 일본영토(日本領土)는 아니었던 것이다. 그러던 것이 청일전쟁(淸日戰爭)에 왜인(倭人)이 전승(戰勝)을 하니 충승(沖繩)은 억지로 자기(自己)네 영토(領土)라 하여 청국(淸國)으로부터 강탈(强奪)한 것이다. 이 충승인(沖繩人) 부명요(富名腰)가 약(約) 30년(年) 전(前) 세계(世界) 제1차 대전(大戰)이 끝나자 전쟁(戰爭)으로 인(因)한 약간(若干)의 이윤(利潤)으로 도국(島國)의 성황(盛況)을 이룬 동경(東京)을 그는 찾아가 권법(拳法)을 보급(普及)시키기 시작(始作)한 것이다.

전술(前述)한 바와 같이 충승(沖繩)은 중국(中國)의 속국(屬國)내지 영토(領土)이었기 때문에 중국(中國)으로부터 일찍 권법(拳法)을 수입(輸入)한 것으로 그들은 단지(單只) 권즉왜어(拳卽倭語)로 "데"라고 호칭(呼稱)하였던 것이다. ―물론(勿論) 권법(拳法)이라고도 하였지만 그것이 부명요(富名腰)가 동경대학(東京大學)에서는 솔직(率直)이 권법(拳法)이라고 가르쳤으나―동경대학판(東京大學版)으로 『권법개설(拳法槪說)』이 발간(發刊)되었었음―그가 경응(慶應)에 가서는 "가라테" 즉(卽) 당수(唐手)라고 호칭(呼稱)하였다. 그 이유(理由)는 가라 즉 당(唐)(중국(中國)이라는 뜻임)에서 배워온 "데" 즉 전술(前述)한 "권(拳)"이라 해서 "가라테", 한자(漢字) 기술(記述)을 하면 당수(唐手)라고 일컬은 것이다. 그 후 그들 중(中) 억지 논자(論者)가 배출(輩出)하여―그들의 국수적(國粹的) 입장(立場)에서―당수(唐手)라 하지 말고 손에 아무 것도 갖지 않고 하는 무술(武術)이니 공수(空手) 즉 왜음(倭音) "가라테"라고 하자하여 지금(至今) 일부(一部) 우리 권법인(拳法人)이 말하고 있는 공수(空手) 왜음(倭音) "가라테" 또는 당수(唐手)-왜음(倭音) "가라테"라는 말이 생겨난 것이다.

그러면 우리에게는 멀리 삼국시대(三國時代)부터 권법(拳法)이 엄존(儼存)하여 많은 젊은이 특(特)히 청년군인(靑年軍人)에게 성행(盛行)하여 그들의 피를 끓게 하고 드디어는 신라통일(新羅統一)의 대업(大業) 고려무사(高麗武士)의 대(對) 몽고항쟁(蒙古抗爭) 등(等)의 요소(要素)가 되는 역사적(歷史的)인 군인(軍人)을 수없이 그 무술(武術)로서 배출(輩出)케 하였음에도 불구(不拘)하고 왜 왜취(倭臭)가 나는 당수(唐手) 또는 공수(空手)라는 호칭(呼稱)을 권법(拳法)에 대(對)하여 하고 있는가 참으로 개탄(慨歎)할 노릇이다.[56]

최석남은 당수(唐手)나 공수(空手)가 모두 일본어 '가라테'의 한자 표기며 이는 권법(拳法)을 뜻한다고 주장하고 있다. 그리고 권법인 가라테는 중국에서 오키나와(유구)에 전승되었다고 본다. 또한 최석남은 상고시대로부터 전해오는 우리의 고유 무술이 있는데 여기에 왜색(倭色)이 선명한 당수나 공수라는 호칭, 즉 가라테의 한자 표기에 불과한 명칭을 사용하는 세태를 개탄하고 있다. 그렇다면 이 시기에 불현듯 그 존재감을 선명하게 드러내는 우리 고유의 무술, 오키나와 무예나 일본 무예가 아닌 무술은 그 독자성을 어떻게 증명할 수 있는가.

1958년에 출판된 황기의 『당수도교본』에는 택견에만 있는 것으로 알려진 빗차기가 나온다. 그 밖에도 여러 교본들에서 중국무술의 품새들이 포함되어 있는 것을 확인하였다. 만약 당시 태권도 지도자들이 '당수도' 혹은 '가라테'의 이름으로 지칭하는 무예로 정확히 오키나와 가라테나 일본화된 가라테만을 받아들이면서 그것이 삼국에서 공유하는 무예라고 인식했다면 이러한 결과가 나타날 수 없다. 그들이 발전시킨 무예는 1950년대부터 일본화된 가라테와 달랐고 오키나와 가라테와도 달랐다. 여기 매우 인

---

56   최석남(1955), 1~3쪽

상적인 사진 한 장이 실려 있는데, 장쾌한 발차기 사진에 '수박도 특유의 빗차기'라는 설명을 붙였다. 사진에 나오는 동작은 택견의 '째차기'와 크게 다르지 않다. 21세기 현재의 택견을 기준으로 말하자면, 수박도 대감의 발차기는 발가락들이 뒤로 젖혀져 있는 것으로 보아 앞꿈치로 차고 있음을 추측할 수 있는 데 반해 현재 택견의 발차기는 발등으로 찬다는 차이가 있을 뿐이다. 그리고 이 사진에서 시연을 하는 황기의 나이로 보나 책의 출판 연도로 보나 이러한 발차기가 1960년대에 적어도 무덕관에서는 일반화되어 있었음을 알 수 있다. 왜냐하면 당시의 출판기술로는 동작을 취한 사진을 찍고 그것을 책에 넣어서 출판하는 데에 상당히 시간이 걸리며 교본에 넣기 위해 찍은 사진이라면 이미 널리 사용되거나 수련되고 있는 기술 가운데서 선택했을 가능성이 크기 때문이다.

그러므로 1950년대의 태권도에는 택견의 째차기도 들어가 있고, 중국 무술의 품새들도 포함되어 있었다. 하지만 이런 부분에 대해서 누군가가 문제 삼았다는 자료나 징후는 찾기 어렵다. 즉 대중은 한국 사람들이 익히 알고 있는 권법(혹은 무예)을 추구했던 것이다. 그러니 초대 태권도관들이 성립할 때부터 당수도나 공수도라고 불리던 무예는 오키나와나 일본의 가라테와는 다른 무예였다고 볼 수 있다. 『수박도대감』에 태극권이 포함되어 있는가하면 1955년에 최석남이 지은 『권법교본』에 수록된 품새에 단도형(무기술)도 있다. 당시에 당수도나 공수도로 불리던 태권도는 발차기 중심의 기법들을 강조하기 시작하면서 진정한 무술적 실체를 선명히 드러내기 시작한다. 태권도는 1950년대부터 빠르게 가라테와 차별화되면서 택견과 유사한 무예로 발전할 수 있었던 중요한 환경이 조성되어 있었다. 이 시기부터 태권도 도장에서 수련하는 수련문화가 한국 선후배의 전승으로 이루

어져 있었다. 태권도인들의 여러 증언을 종합하면 당시 일상적인 태권도 수련 일정은 다음과 같았다

> 0~5분: 준비운동
> 5~15분: 기본 동작. 앞굽이 아래막기, 몸통지르기 등.
> 15~40분: 기본 발차기
> 40~1시간20분: 품새 수련(수준별 수련)
> 1시간20분~1시간40분: 겨루기 수련
> 1시간40분~1시간50분: 마무리 운동.〈종료〉

당시의 태권도 수련에서 가장 많은 시간을 할애한 부분은 기본 발차기와 겨루기다. 품새 수련도 시간은 많이 소요한 것으로 보인다. 하지만 당시의 품새 수련은 수준별 수련으로서 다 같이 초급 품새를 한 후에 초급자는 뒤로 가서 앉고, 상급자만 상급 품새를 하는 방식이었다. 결과적으로 품새 수련을 하는 중에 초급자의 대부분은 앉아서 쉬는 것이다. 수련에서 시간은 많이 차지하지만 실질적인 수련의 비중은 크다고 보기 어렵다. 겨루기도 마찬가지라고 할 수 있다면, 실질적으로 가장 중요한 수련은 기본 발차기 수련이 된다.

그뿐만 아니라 당시의 태권도 수련 및 지도는 관장이 직접 하는 일이 매우 적었음을 여러 증언을 통하여 확인할 수 있다. 증언에 따르면 대부분의 수련자들이 단체 운동 전후에 선배들의 기법들을 보고 따라하면서 배웠다. 그렇기 때문에 초대 관장이 가라테를 배웠든 중국무예를 배웠든 그것이 정확히 수련생들에게 전승되는 데에는 한계가 있었다고 볼 수 있다. 이럴 때에 전승되는 무예의 남은 부분을 문화적인 전승이 채웠다는 추론이

가능하다. 택견을 수련한 사람들은 이웃의 형이나 삼촌들에게 배웠으며 도장에서 배운 적이 없다고 증언한다. 도장이라고 하는 시스템이 아직 문화에 편입되지 않았던 시기였으므로 당연한 일이다. 이런 관점에서 택견이 태권도에 전승되었다면 그것은 택견이 원래 전승되던 방식으로 전승되어야 한다는 이창후(2005)의 주장은 설득력을 얻는다. 그리고 1950년대의 태권도교본이나 1960년대 이후의 태권도 발전을 돌이켜볼 때 그의 주장은 매우 사실에 가깝다.

양진방(1986)과 이용복(1990), 김용옥(1990) 등 대표적인 가라테 유입론자들이 모두 오늘날 태권도가 택견과 유사한 이유에 대해 스스로 질문을 제기하고 답을 내린다. 이들은 오늘날 경기화된 태권도의 모습이 택견과 매우 유사하다는 사실을 설명해야 할 문젯거리로 인식하고 있다. 그리고 그 대답을 경기 규칙이라는 우연적인 요소에서 찾고자 한다. 하지만 이러한 설명 방식은 과학적인 학문의 탐구 방식과 거리가 있다. 택견이 수백 년 전에 사라진 무예가 아니라 부분적으로나마 현존하는 무예이며, 태권도가 그러한 택견과 동시대에 동일한 공간에서 명백한 유사성을 보여준다면 우연적인 요소에서 원인을 찾을 일이 아니라 명백하고도 필연적인 요소를 탐색해야 마땅하다.

1950년대 태권도의
발차기 기법

　　김상복(2009)은 당시 태권도의 특징들
을 분석하였다. 그의 관점에 따르면 최홍희는 해방 이후 태권도 발전에서
매우 중요한 위치를 차지하고 있는 인물이다. 최홍희는 오도관의 설립자
이자, '태권도'라는 명칭을 최초로 제안한 사람이며, 군대를 통해서 태권도
를 국내외에 전파한 주역 인물이다. 그뿐만 아니라 창헌류라는 태권도 품
새를 만들어서 보급시키려 하기도 하였다. 최홍희가 활동한 시기 역시 현
대 태권도가 형성되던 시기였으므로 최홍희라는 인물이 갖는 태권도사적
인 중요성은 결코 간과될 수 없을 것이다. 일반적인 태권도역사 연구에서
도 최홍희가 논의되는 비중은 다른 어떤 인물과 비교해도 적지 않다. 예를
들어서 강원식 등(1999)과 서성원(2007)이 1970년 이전의 태권도사를 논의
함에 있어서 가장 많이 언급하는 인물이 최홍희이다.(강원식 등, 1999; 서성

원, 2007) 최홍희의 저작을 포함하여 1950년부터 1970년까지 출간된 태권도 관련 서적은 다음의 표와 같다.

1950~1970년 태권도 관련 저작물

년도	연구자	제목	비고
1950	황 기	화수도교본	당수도
1955	최석남	권법교본	가라테
1958	황 기	당수도교본:계량문화사	당수도
1958	박철희	파사권법	
1959	최홍희	태권도지침	
1960	최홍희	태권도교본	
1961	하대영	태권도	
1965	이교윤	백만인의 태수도교본	
1966	최홍희	태권도지침:정연사	
1968	이원국	태권도교본:진수당	
1969	최홍희	태권도지침(포켓판)	
1969	이교윤	백만인의 태권도교본	
1969	황 기	당수도교본(영문판)	
1969	최배달	태권도교본(극진 가라테 교본)	
1970	황 기	수박도(당수도)대감	
1970	최홍희	태권도교본: 성화문화사	

위의 표만 보아도 태권도 역사를 연구하는 데 있어 최홍희의 비중이 얼마나 큰지 알 수 있다. 김상복(2009)이 짚었듯이 대한민국이 세계에서도 매우 빈곤한 나라에 속한 이 시기에 태권도 서적이 많지 않았고, 한편으로 최홍희가 사회의 지도층이자 권력집단 가운데 하나인 장군의 지위에 있

었던 점을 고려할 때 그가 1960년에 출간한 『태권도교본』이 보여주는 태권도의 모습은 역사적으로 고찰할 필요가 있다. 그리고 이 책의 출판연도가 1960년이므로, 그 내용에 반영된 태권도의 모습은 그 이전의 모습, 즉 1950년도의 태권도의 모습일 수밖에 없다. 『태권도교본』은 1950년대 태권도에 이미 발차기 중심의 기법체계가 있었음을 보여준다.

김상복(2009)은 『태권도교본』이 다루는 발차기 기법의 비중이 '유의미하게' 높다고 본다. 『태권도교본』에서 발차기 기법의 비중은 태권도사 연구의 일각을 이루는 가라테 유입론자들의 주장과 상충할 정도로 높다. 가라테 유입론의 중요한 논거 중의 하나가 이른바 '단절론'으로, 오늘날 태권도의 독특한 발차기 기술들이 경기화를 통해서 생겨났으니 과거와는 단절되었다는 주장이다.[57] 풀어서 설명하면, 광복 직후 태권도의 기법은 가라테와 거의 같았는데 경기를 할 때 발차기 기술로 가격할 때 더 많은 점수를 주다보니 현재와 같이 발차기의 비중이 커졌다는 것이다.[58]

그러나 『태권도교본』의 내용을 보면 발차기 기법의 비중이 매우 크며 특히 이 책이 태권도 경기가 상례화되기 전인 1960년도의 저작인 점을 감안하면 매우 특별한 의미를 찾을 수 있다. 태권도의 경기화는 1962년 대한태수도협회가 대한체육회에 가입하고 1963년 2월 23일 대한체육회 정기대의원총회에서 육상, 축구, 수영 등 기타 종목에 이어 정식 경기단체로 승인되면서 활발하게 추진되었다.[59] 그런데 『태권도교본』은 태권도 경기가

---

57 이창후(2003), 28~29쪽.

58 양진방(1986)

59 서성원(2007), 42쪽.

형식을 갖추고 본격적으로 운영되기도 전에 나왔으니 단절론의 논리적 기반에 의문을 제기하지 않을 수 없게 만드는 것이다.

또한 김상복이 주장하듯이 『태권도교본』에서 발차기 기법의 비중은 가라테 교본들의 내용과 비교해도 높은 편이다.[60] 김상복은 자신의 주장을 뒷받침하기 위해 후나고시 기친이 쓴 가라테교본과 『태권도교본』의 내용을 비교한다. 그 결과 가라테교본이 손기술 위주의 기본 동작과 대련(겨루기) 기법들을 설명하고 있는데 비해 『태권도교본』은 가라테교본과는 차별화되는 다양한 발차기 공격과 방어기법들을 수록하고 있다. 김상복은 다음과 같이 주장한다.

> 최홍희(1960)의 내용에는 단순히 발차기 기법의 비중이 높다는 것만이 특징적인 것은 아니다. 방금도 언급했듯이 가라테교본에서는 발차기 기법에 대한 손기술의 반격기법만이 제시되어 있는데 반해서 태권도에서는 발차기의 공격기와 방어기가 같이 제시되어 있다. 물론 "발은 주로 공격에 이용되며 방어에는 다음 몇 가지 외에는 사용되지 않는다"라고 부언되어 있지만, 이것이 태권도의 발기술이 가라테보다 다양함을 무의미하게 만들지는 않는다. 왜냐하면 오늘날에도 태권도의 발차기는 주로 공격기술로 사용되기 때문이다.
>
> 동시에 최홍희(1960)의 내용에는 태권도 발차기가 현재에는 거의 사라지다시피 한 다양한 발차기가 많이 포함되어 있고 매우 화려한 발차기 기법인 8단 차기도 포함되어 있다는 점이 특징적

---

60 김상복(2009)

이다. 발차기 공격기만 하더라도 대략 16개 이상이 된다. 또한 앞차기와 같은 기본 발차기는 다시 '차 찌르기'와 '차 밀기'로 구분되는 등, 세분화되어 있다. '8단차기'는 발을 땅에 내리우지 않고 한 발로 연속으로 상대방의 8개 급소를 차는 것을 말하는데, 이것은 요즘 택견 시범에서 흔히 볼 수 있는 발길질이다. 물론 저자가 태권도를 배우던 1960년대에는 태권도 시범을 보이면서 간혹 하던 기술이기도 하다.

최홍희는 『태권도교본』에서 발차기 기법의 중요성을 명시적으로 강조한다.

> 태권에 있어서 발은 손의 3배의 위력을 나타내며 그 기법에 있어서 손보다도 신묘한 것으로서 태권만이 가지는 독특한 무기이다. 그러므로 사도(斯道)의 명칭을 '태권'이라 개명한 것이다. 족기에는 공격과 막기의 두 가지가 있다.[61]

또한 『태권도교본』은 책을 편집하면서 앞부분에 태권도의 대표적인 기법들을 보여주는 사진을 배치해 놓았는데, 여기서도 발차기 기법을 중요하게 다루었다. 중요한 사진 네 장이 배열되어 있는데 ▶뛰어 돌려차기 ▶뛰어 옆차기 ▶쓰러뜨린 상대의 얼굴에 주먹 지르기 ▶기와 격파 등이다. 태권도를 반영하는 기법 중에 반이 발차기라고 해도 과언이 아닌 것이다.

---

61 최홍희(1960), 67쪽

『태권도교본』에서 발차기 기법을 다룬 내용을 정리하면 다음과 같다.[62] 먼저 전체 내용을 짐작하기 위해 목차의 앞부분을 살펴보자.

이 중에서 '제2편 구성과 연무'의 하부 내용인 '제1장 제3절' '태권의 기 (技)'의 세부 내용은 다음과 같다. 몇 부분은 현재의 맞춤법을 적용하였다.

| 발차기의 공격기 |

1. 앞차기

2. 옆차기: 기마서기에 한 발에 체중을 옮기고 다른 발로 차 찌른다.

3. 뒤로차기: 뒤로부터 잡혔을 때에 발뒤꿈치로 올려 찬다. 낭심 또는 경부(脛部) 공격에 사용된다.(68쪽)

4. 돌려차기: 발을 옆으로 1보 옮겨 디디면서 체중을 그 발에 두고 다른 발을 돌리면서 차 찌른다.(68~69쪽)[63]

5. 눌러차기: 발뒤꿈치 또는 족도로서 상대방의 무릎 혹은 발등을 눌러 찬다.

6. 무릎차기

7. 2단 옆차기: 두 발로 올려 뛰면서 한 발로 옆으로 찬다.

8. 2단 돌려차기: 두 발로 뛰어 올라 한 발로 돌려찬다.

9. 2단 높이차기: 두 발로 뛰어 오르면서 한 발로 목표물을 찬다. (70쪽)

10. 삼각 뛰기

11. 뛰어넘기: 상대방이 기물을 들고 공격하여 올 때 이를 뛰어 넘거나 또는 상대방의 키를 뛰어 넘어서 배후에서 공격한다.

---

63 1) 앞발꿈치로 찬다.(68쪽) 2) 발은 상대방의 몸과 직각이 되어야 한다.(69쪽)

12. 연속차기: 공격하여 오는 손 또는 발을 자기의 발바닥으로 차 물리친 다음 그 발로 연속 차 찌른다.

13. 공중차기: 두 발로 뛰어 공중에서 돌면서 한 발로 목표물을 찬다.(71쪽)

14. 두발이동: 두발이동이란 낮은 자세를 유지하면서 두 발을 함께 전진 또는 후퇴하는 동시에 상대방과의 거리를 조절하는 것을 말함인데 이는 공격과 막기에 각각 이용된다.

15. 걸어차기: 걸어차기란 발로 상대방의 발을 걸어 넘어뜨리는 것을 말함인데, 이에는 여러 가지 방법이 있다.(71쪽)

16. 발 올리기: 발 올리기란 발을 많이 올리는 것을 말함인데 이에는 앞으로 올리기와 옆으로 올리기의 두 가지가 있다.(71쪽)

16-1. 앞으로 올리기: 전굴로 선 발에 체중을 옮기면서 다른 발을 앞으로 많이 올리는 것을 말한다.[64]

16-2. 옆으로 올리기: 기마로 선 다음 좌족을 당겨 고차로 서는 동시에 좌족에 체중을 옮기면서 우족도를 옆으로 많이 올리는 것을 말한다.(72쪽)

| 발차기의 방어기 |

1. 차올리기: 기마서기에서 한 발에 체중을 옮기고 다른 발로 차올린다.[65]

2. 차 막기 : 서로 붙잡혔을 때 공격하여 오는 발을 자기의 발바닥으로 차 물리친다.(73쪽)

---

64 오늘날의 '앞들어 올리기' 기술을 의미한다.

65 족도를 이용한다.

'제 3편 기본'의 내용은 다음과 같다.

제 1장. 공격기

제1항. 앞차기

앞차기에는 차 찌르기와 차 밀기가 있다. 차 찌르기란 발앞꿈치 혹은 발(112쪽)/목으로 차 지르는 것을 말하는데 이에는 그 자리차기, 차나가기 및 차 들어오기가 있다.(113쪽)

차 밀기란 앞발꿈치로 차는 동시에 발뒤꿈치로 밀어 던지는 것을 말한다.(114쪽)

제2항. 옆차기

옆차기란 족도, 때로는 발뒤꿈치로 상대방의 복부·낭심·협복 및 무릎 등을 공격하는 것인데 이에는 차 찌르기와 차 올리기가 있다.(114쪽)

1. 차 찌르기
   가. 그 자리차기
   나. 연속차기(115쪽)

2. 차 올리기: 이는 차 찌르기와 동일한 요령이나 다만 차 찌르는 대신 족도로서 차올린다.(116쪽)

제3항. 돌려차기

돌려차기란 공격해오는 상대방을 옆으로 피하면서 발을 돌려 발앞꿈치로 차는 것을 말한다. 이에는 그 자리차기와 차나가기가 있다.

1. 그 자리차기에는 피하며 차기와 손바닥 차기가 있다.

2. 차나가기

제4항. 8단차기

발을 땅에 내리지 않고 한 발로 연속으로 상대방의 급소 여덟 곳을 차는 것을 말한다.

1) 준비 자세에서 정면을 향하여 좌전굴로 서는 동시에 왼 무릎을 약간 구부리면서 바른 무릎으로 상대방의 하복부를 올려 찬다.

2) 발목으로 상대방의 낭심을 올려 찬다.

3) 발앞꿈치로 상대방의 명치를 올려 찬다.

4) 발뒤꿈치로 상대방의 하복부를 찬다.

5) 다시 발뒤꿈치로 뒤에서 오는 상대방의 발등을 밟는다.

6) 발뒤꿈치로 뒤에서 오는 상대방의 낭심을 올려 찬다.

7) 족도로 상대방의 무릎을 찬다.

8) 다시 족도로 상대방의 명치를 돌려 찬다. (118쪽)

제2장. 방어기: 발은 주로 공격에 이용되며 방어에는 다음 몇 가지 외에는 사용되지 않는다.

제1항 차 올리기

공격하여 오는 상대방의 주먹을 족도로서 차올리는 것을 말한다.

제2항 차 밀기

공격하여오는 상대방의 명치 혹은 흉부를 앞발꿈치로 차는 동시에 뒷발꿈치로 미는 것을 말한다.

제3항 도로 차기

공격하여 오는 상대방의 발을 자기의 발바닥으로 도로 차 던지는 것을 말한다.

제4항 차 찌르기

공격하여 오는 상대방의 발을 자기의 족도로서 내려 차 막는다. (122쪽)

이상의 내용을 고찰해볼 때, 최홍희가 저술한 『태권도교본』은 가라테와 구별될 수 있는 발차기가 강화된 무예로서 태권도의 특징을 보여주고 있다고 판단된다. 또한 당시에는 태권도협회나 국기원의 조직이 지금과 같이 확립되어 있던 때도 아니었으며 국가적인 차원에서 태권도를 가라테나 다른 무예와 차별화하기 시작하던 때도 아니라는 점까지 고려한다면 이와 같이 발차기 기법이 강화된 태권도의 모습은 현실에 기초한 것으로 판단해볼 수 있다. 그러므로 발차기 기법을 매우 중요하게 다루는 태권도의 특징이란 정치적 목적에 따라 인위적으로 구성되었다기보다는 자연발생적이었다고 결론지어도 무리는 아니다. 이상의 검토를 기초로 삼아 1950년

대의 태권도는 다음과 같이 정리할 수 있다.[66]

첫째, 적어도 1950년대 중반부터 이미 태권도의 발차기 기법들은 가라테와 명확히 구분될 만큼 다양하고 강화된 기법체계였던 것으로 보인다.

둘째, 태권도의 발차기 기법들은 공격과 방어에서 비중이 컸으며, 다양하고 화려한 발차기 기법들을 가지고 있었다.

셋째, 이런 가라테와 차별화되는 태권도 발차기 기법들은 태권도 단체나 개인의 인위적인 노력보다는 자연발생적이었던 것으로 보인다.

---

66 김상복(2009)

1960년대의

태권도

　　　　　1960년대에는 태권도를 단일화하기 위
한 노력이 활발히 진행되었다. 물론 결코 쉬운 일은 아니었다. 전체적인 단
일화는 아니지만 일부 태권도 지도자들은 자신들만의 협회를 결성하기 시
작했다. 이러한 노력은 1945년에 광복이 되자마자 나타나기 시작했다. 일
제강점기의 전통무술 훈련은 총독부의 규제와 탄압을 받아 매우 어려웠
다. 전통 무예는 어렵게 명맥을 이을 수밖에 없었고 일본의 가라테와 중국
무술이 들어왔다. 당시의 지도자들은 수련생들에게 택견이나 수박 같은
전통 무예와 함께 중국과 일본 무예의 기술들을 가르치게 되었다. 당시에
는 무예의 국적에 대한 인식이 투철하지 않은 편이었다. 유도 사범이 태권
도를 가르치거나 우슈를 배운 사범이 가라테의 단을 획득할 정도로 외국
에서 유입된 무예에 대한 배타적인 감정이 없었다.

광복 이후에 뜻있는 태권도 지도자들은 중국과 일본에서 유입된 무예들로 인해 어지러운 분위기 속에서 한국 무예의 정통성을 회복하고 개선하는 한편 외형을 단일화해야 한다는 사실에 공감하였다. 이러한 움직임의 결과 1946년 7월 무도의 표준형과 동일한 지도방법에 합의하는 성과를 이루었다. 그러나 한국 도장을 총괄하는 협회를 결성하기 위한 2, 3차 회합은 별다른 결과를 도출해내지 못하였다. 한국전쟁으로 태권도 지도자들이 남북으로 흩어지면서 태권도 협회 결성은커녕 태권도 자체의 존립조차 확신하기 어려운 고비를 맞았다.

이런 가운데 조영주, 노병직, 윤쾌병, 황기, 현종명, 김인화 등 태권도 관장들은 1953년 5월 임시 수도 부산에서 대한공수도협회를 창설하였다. 태권도 조직을 단일화하기에는 현실적인 어려움이 있었지만 전쟁으로 인해 모든 것이 열악해진 상황에서 태권도 지도자들은 태권도의 생존과 발전을 위해 관(館) 통합논의를 할 수밖에 없는 상황이었다. 하지만 충분한 시간과 각 관(館)의 입장이 충분히 고려되지 못한 단합이었기 때문에 협회 내에서 분열이 발생하게 되었다. 가장 큰 관세를 가지고 있던 무덕관 관장 황기는 중앙심사위원 자격을 부여하지 않음에 반발하여 대한공수도협회가 창립한 지 한 달 만에 탈퇴했고 1년 뒤에는 청도관 관장 손덕성이 탈퇴하였다. 그 당시 대한공수도협회의 역점사업은 공인단증을 발급하는 일이었다. 도장마다 다른 단 규정을 최고 4단으로 통일하는 일을 추진하였는데 이 과정에서 각 관 사이에 미묘한 입장 차이가 발생하였다. 황기와 손덕성의 탈퇴는 이러한 입장 차이가 표면화되었음을 보여준다.

1959년 9월, 청도관 출신으로서 당시 육군 소장이었던 최홍희는 청도관과 오도관을 중심으로 하여 대한태권도협회를 창설하였다. 협회를 창설할 때 공식 명칭에 대해 협회의 지관 도장 대표들의 의견이 달랐는데 노병직·윤쾌병·이남석은 '공수'를, 황기는 '당수'를 주장하였다. 하지만 공식 명칭에는 최홍희가 작명한 '태권도'를 채택하였다. 명칭을 둘러싼 논쟁은 두 가지 사실을 짐작하게 한다. 1959년의 태권도가 당수도나 공수도와 차별화된 특징들을 보여주었으며, 이러한 차별점을 깊이 인식한 태권도인들의 주체적 역사 인식이 작동했으리라는 사실이다. 물론 최홍희가 군 장성으로서 공식 명칭 결정에 영향력을 행사했음을 부인하기는 어렵다. 하지만 이후에 최홍희가 협회의 각 지관 도장 대표들에게 회장 불신임을 당하는 등의 상황에서도 태권도라는 명칭은 유지되었고, 이 사실에 비추어볼 때 대한태권도협회라는 명칭이 오직 최홍희 개인의 취향이나 독선에 의해 결정되었다고 보기는 매우 어렵다.

대한태권도협회는 1959년 12월 10일 오후 4시 제1회 임시대의원총회를 열어 최홍희에 대한 불신임을 결의하였다. 협회와 이해관계를 달리해 1960년 6월 대한태권도협회를 탈퇴한 황기가 대한수박도회를 창립하면서 태권도 협회는 분열을 면치 못하였다. 황기는 1960년 5월 23일 문교부에 사단법인 대한수박도협회의 인가를 신청하여 6월 30일에 '문화 제2570호'로 인가받았다. 이에 대한태권도협회는 대한체육회와 문교부에 진정서를 제출하여 대한수박도회의 등록정지와 해산을 요구하는 동시에 대한태권도협회의 법인체 인가승인을 요구했다. 하지만 문교부에서는 헌법에 보장된 결사의 자유를 막을 수 없음을 분명히 하면서 대한태권도협회와 대한수박도회의 법인체 인준을 철회하고 두 단체의 통합회의를 통해 등록서류를 제출해줄 것을 요구하였다. 이로써 두 단체의 법인체 인가는 무산되었고, 태권도계는 분열되어 유사단체가 난립하게 되었다.

1961년 5·16쿠데타는 한국사회 전체에 큰 영향을 미쳤고, 태권도계도 예외일 수는 없었다. 국가재건최고회의가 포고령 제6호를 내려 사회단체의 재등록을 명(命)하면서 태권도 단체의 단일화를 결정하는 문제에 정부의 중재가 개입하는 사례를 남겼다. 문교부는 1961년 7월 12일 자로 공문을 보내 대한수박도회· 공수도송무관· 강덕원무도회· 한무관중앙공수도장의 대표들을 소집해 통합을 주선하였다. 9월 14일 통합창립위원회가 조직되었고 9월 19일에는 이사회가 구성되었다. 당시 임원진들은 당수, 공수를 주장하는 측과 태권도를 주장하는 측으로 나뉘어 날카롭게 대립하고 있었으나 합의를 거쳐 태권도의 '태'와 당수, 공수의 '수'를 결합한 '태수도'라는 협회 명칭을 채택하기에 이른다. 대한체육회에 가입하게 된 태권도협회의 명칭이 대한태수도협회인 이유가 여기에 있다. 대한태수도협회는 1961년 9월 22일 통합되어 문교부에 임원 명단을 보고하였다. 회장은 최명신, 부회장은 이종우·엄운규, 상임이사는 고재천·남태희·이용우·이영섭·오세준·고홍명, 이사는 현종명·이교윤·박철희·고재천·송태학, 감사는 차수룡·이희진이었다.

1962년 6월 25일 대한태수도협회가 대한체육회에 가입함으로써 태권도계를 대표하는 공식적인 단체로 인정받게 되었다. 이듬해인 1963년 10월 처음으로 제44회 전국체육대회 종목이 되어 태권도가 정식 체육단체가 되는 계기가 마련되었다. 1965년 8월 5일에 대한태수도협회는 대한태권도협회로 간판을 바꾸어 달았다.

1960년대 태권도의

특징과 변천

　　　　　　　1960년대의 태권도 기법을 확인할 수 있는 자료는 적지 않다. 특히 동영상 자료가 있어 그 시절의 태권도 기법을 구체적으로 이해하는 데 도움을 준다. 대표적인 사례로 1962년에 촬영된 태권도 동영상을 들 수 있다. 태수도협회 시절에 열린 태권도 경기를 녹화한 것이다. 이 동영상은 당시의 태권도 겨루기가 오늘날의 겨루기 경기 모습과 매우 흡사하다는 사실을 알게 해준다. 발차기 위주의 겨루기, 딛기 기법의 적극적인 사용 등을 볼 수 있다. 또한 돌개차기, 뒤차기, 받아 차기 등의 기법이 당시의 수련자들에 의해 이미 이루어지고 있다. 당시의 태권도 선수들이 득점에 효율적이고 속도가 빠른 기법들을 오늘날의 선수들처럼 구사하지는 못한다는 차이점도 발견할 수 있다.

　　또한 국기원(2011b)은 태권도 경기규칙 형성기(1962~1972)의 겨루기 기술을 정리하고 있다.

　　태권도가 전국체전의 정식종목으로 채택되는 것을 기점으로
경기규칙이 제정(1962.11.3)된 이후 6번의 경기규칙 개정이 있었
다. 이 시기의 경기규칙은 최초단계의 경기규칙이며, 구성상 정
교하지 않은 부분이 있었으나 경기현장에서 직접 적용되었다. 이
시기 초반은 앞차기, 돌려차기, 옆차기 위주의 발차기와 주먹공
격의 단순한 공격형태가 주를 이루었으며, 기술보다는 위력과 힘
을 중심으로 하였다. 그 후 차등점수의 채택으로 몸통위주의 발
기술에서 얼굴을 공격하는 발 기술이 시도되었으며, 후반에는 뒤
돌아 차기(뒤 돌아 옆차기), 뒤후려차기, 주먹공격과 돌려차기를 연
계한 연결 공격기술 등이 구사되었다."[67]

여기서 주목할 만한 부분은 "이 시기 초반은 앞차기, 돌려차기, 옆차기
위주의 발차기와 주먹공격의 단순한 공격형태가 주를 이루었다"라는 점이
다. 또한 이 당시의 태권도를 설명하는 여러 구술 기록이 있다. 다음은 그
중의 하나로, 정만순의 구술이다.[68]

67　국기원(2011b), 겨루기론 심화

68　정만순 구술, 2016년 8월 10일, 충북태권도협회 사무실

정만순

◆ **언제 어떻게 태권도를 시작했는가?**

"1958년 중학교 2학년 때 형님의 권유로 태권도를 시작했다. 당시 충북지역에 청도관, 창무관, 한무관, 무덕관 등 네 개의 관이 있었는데 나는 청도관본관에서 태권도를 시작했다. 형이 청도관 관장이었다. 그래서 자연스럽게 태권도를 접했다."

◆ **특기 기술은 무엇이고 그것을 어떻게 습득했는가? 아니면 스스로 만든 것인가? 스스로 만들었다면 어떠한 계기로 만들었는가?**

"1960년대에 전국체전이 생기기 전까지는 관별 대회와 개관기념대회를 개최했는데 충북지역에서는 주로 그 경기가 큰 경기였다. 그 당시 나는 옆차기를 주로 했다. 특별히 어떠한 계기가 있었던 것은 아니고 배운 발차기가 앞차기, 뒤차기, 옆차기, 돌려차기였다. 기본 발차기로 연습했다."

◆ **주변 태권도인들의 특기 기술은 무엇이고 그것을 어떻게 습득했는가?**

"지도자가 됐을 때에도 처음 배운 것처럼 기본을 중요시했다. 여성기 선수는 고등학교 3학년 때 충청도 대표로서 제3회 세계태권도선수권대회에 참가했다. 기본기가 매우 충실해서 그때 당시에 돌려차기, 옆차기, 앞차기 모든 발차기를 잘했다. 이동준 선수의 뒤후리기와 한재구의 더블발차기(나래 차기), 여러 가지 발차기를 하는 것을 보고 특히 기량이 뛰어난 선수들을 집중적으로 연습을 시켰다. 턴하고 중심 잡는 훈련을 많이 시켰다. 이유는 순발력을 기르기 위해서였다. 당시에는 심판의 편파판정이 굉장히 심했다. 그래서 얼굴발차기 위주로 연습을 했고 보호 장비를 하지 않고 경기를 해서 부상자가 속출했다. 대나무 호구를 입고 경기를 했기 때문에 손으로 가슴을 공격하는 것도 매우 힘들었던 시기였다."

◆ 구체적인 수련 내용은 무엇인가?

"기본 훈련은 앞에서 말한 바와 같이 앞차기, 뒤차기, 돌려차기가 기본 발차기였다. 기본 발차기가 탄탄하게 구성되어 있어야 응용 발차기가 가능하기 때문에 기본 발차기에 충실했다. 그 노하우를 제자들에게 전수해 예를 들면 의자를 놓고 접어차기를 훈련시켰다. 정확한 발차기 스냅이 나와야 하기 때문에… 작대기마냥 힘이 없으면 발차기에 파워가 없기 때문에 훈련을 시킨 것 같다."

◆ 무슨 요일, 몇 시에 수련을 시작해서 몇 분 정도 준비 운동을 어떻게 했고 그 다음에 기본 동작이나 발차기를 어떻게 했는가?

"준비운동을 충분히 했다. 관절운동보다 스트레칭을 주로 했으며 몸에 무리가 가지 않게 유연성 운동을 했다. 시간은 30분 정도이고 준비운동이 끝나면 본 운동을 시작으로 발차기를 했고 그 다음은 한 번 겨루기, 세 번 겨루기 등을 했다. 2~3시간 정도 훈련을 했다. 한 번 겨루기는 두 선수가 약속을 한다음 한 번씩 나오는 동작이고 세 번 겨루기는 말 그대로 세 번의 스텝으로 나오면 상대방이 똑같이 세 번의 스텝으로 나가는 경기였다. 지금의 스펙터클한 태권도와는 사뭇 다른 연습이었다. 마무리 운동도 꼭 스트레칭으로 했다. 20분정도 스트레칭을 했다."

◆ 발차기는 어느 기술을 주로 했으며, 그 이름은 무엇이었는가?

"앞차기, 옆차기, 뒤옆차기, 돌려차기 위주로 연습을 했으며, 지금처럼 화려한 발기술이나 체계가 잡히기 전이기 때문에 지금 사람들이 1960년대 발차기를 본다면 아마 웃을 것이다. 하지만 당시 기본 발차기가 제대로 되어 있어야 응용을 해서 다른 발차기도 가능하기 때문에 기본 발차기를 제대로 시켰다. 기본 발차기가 되어 있지 않은 선수들은 이단옆차기를 연습하기는 했지만 상대방은 발차기에 맞지 않고 헛발질을 했다."

◆ 실제로 발차기 연습이나 기본 동작 연습을 했으면 그것을 겨루기 연습 때 썼는가?

"훈련을 하면서 연습한 발차기 동작을 겨루기 연습 때 그대로 사용했다."

◆ 품새나 겨루기 연습 외에도 배우거나 가르친 것이 있는가?

"기본적인 체력훈련과 인성교육을 실시했다. 태권도의 인의예지 덕목에 맞게 체계적으로 이루어지진 않았지만 선배들에 의해서 자연스럽게 이루어지고 우리들도 후배들에게 전수했다."

◆ 도장의 관원은 몇 명이었는가?

"관원은 거의 200명 정도가 되었다. 초등학교, 중학교, 고등학교, 대학교, 일반인까지 많은 관원들이 있었다. 고등학생, 대학생, 일반부와 함께 연습할 때는 100여 명 정도가 함께 했다. 당시 청도관 본관은 90평 정도로 100여 명이 충분히 수련을 할 수 있었다."

◆ 기본 동작, 품새, 겨루기 순으로 수련했는가? 각 부분 수련 시간의 정도는?

"품새는 거의 수련하지 않았다. 당시는 겨루기 위주로 연습을 했으며 요즘에는 하지 않는 평안 1단, 평안 2단, 평안 3단 등을 연습했으며 특별히 품새,

겨루기를 수련하지는 않았다. 겨루기 연습을 하다 힘들면 품새를 연습했지만 일주일에 한 번도 안 할 경우도 있었다.”

◆ 기본 동작들의 목록은 어떻게 이루어 졌는가? 어떤 발차기들을 수련했는가?

“당시에는 기본 발차기로 앞차기, 돌려차기, 옆차기, 뒤차기 등이 있었다. 지금의 발차기 기술과는 많이 달랐다.”

◆ 개인 수련시간에 누가 어떤 기술을 수련했는가? 관장은 1주일에 몇 번 나와 몇 시간씩 가르쳤는가? 관장이 학생을 지도한 시간이 적다면 누가 누구에게 무엇을 어떻게 가르쳤는가?

“태권도가 1950년대부터 빠르게 발전할 수 있었던 중요한 환경이 조성되어 있었다. 그것은 당시부터 태권도 도장에서 수련하는 수련문화 자체가 한국적인 선후배 전승 관계로 이루어져 있었다는 데에 있다. 대부분의 수련자들은 단체 운동 전후에 선배들의 기술들을 보고 따라하면서 배웠다.”

◆ 기술과 태권도 실제 수련 내용에 대해 자세히 말씀해 달라.

“당시는 지금처럼 체계적으로 훈련을 한 것이 아니지만 준비운동, 본 운동, 마무리운동이 끝난 후에는 선배들과 개인연습을 했다.”

◆ 태권도 시범의 구성과 진행은 어떻게 했는가? 당시 태권도 시범을 본 사람들의 반응은 어떠했는가?

“지금의 시범과는 거리가 멀다. 지금의 시범을 생각하면 큰 무리가 있다. 위력이나 격파 정도의 시범이 이루어졌다. 예를 들면 여덟에서 열 명 정도가 엎드려 있으면 달려가 넘기, 입에 문 담뱃불을 끄기, 벽돌 깨기, 불이 붙은 링

고리를 넘기 정도였다. 일반 관중들은 이러한 시범을 보고도 환호했다."

◆ 교본의 내용과 실제 수련한 태권도 기술이 다른가?

"광복 이후 태권도와 관련된 여러 교본들이 나오기 시작했지만 그것을 보고 수련하지는 않았다. 사범님들이 책을 보고 우리들에게 가르쳐주는 방식이었고 우리는 책을 접하지 못했다. 그리고 당시 충북지역에 4개의 관이 있었는데 관별로 품새가 약간씩 달랐다. 당시는 품새에 큰 비중을 두지 않는 시기였다."

◆ 시범 기술을 어떻게 습득하였는가? 누구에게 배우고 어떠한 기술을 했으며 얼마나 연습했는지? 그리고 본인의 대표 기술이 있었는지? 있었다면 본인이 개발했는지 누구에게 전수를 받았는지?

"따로 시범을 연습하지는 않았다. 네 명이 엎드려 있어서 넘으면 다섯 명이나 여섯 명으로 늘렸고 시범과 태권도 겨루기를 위해 똑같이 연습하지는 않았다. 그냥 '태권도란 이런 것이다'라고 일반인들에게 보여주기 위해 시범을 실시했다."

다음은 1950년대 후반부터 태권도 수련을 시작한 지도관 출신 최영렬의 구술이다.[69]

---

69 최영렬 구술, 2016년 6월 16일, 경기도 시흥

최영렬

◆ 언제부터, 무슨 동기로 태권도를 수련했나?

"1950년대 후반 전북 전주고 1학년 때부터 태권도를 했다. 좀 한 셈이다. 당시 학교를 다니고 있는데 유기대(전 전북태권도협회장, 경희대 겨기 선수 출신)가 도복에 파란 띠를 매고 폼 나게 다녔다. 그 모습을 보고 태권도를 하게 됐다."

◆ 누구에게 태권도를 배웠나. 당시 수련 환경과 분위기는?

"지도관 전북본관에서 유병용 사범님에게 직접 배웠다. 그 분은 주먹도 잘 사용하고, 형(품새)도 잘했다. 그런데 대련을 좋아하셨는지 대련을 자주 시키고 발기술을 많이 가르쳤다. 직접 몸으로 보여주며 가르치지 않고 기본 발차기를 이렇게 하라고 말로 설명해주는 편이었다. 당시 지도관 전북본관에서 태권도를 배운 사람은 일반인도 있었지만 학생 등 청소년들이 많았다. 나는 방과 후 오후 4시부터 한 시간 동안 태권도를 했는데, 전체 통틀어 100명이 되지 않았던 걸로 기억된다. 수련을 할 때는 파란 띠부터 유단자까지 한꺼번에 세워 놓고 가르쳤다. 형과 대련 이외에도 '메치기'라는 것을 배웠다. 상대방이 들어오면 손으로 잡아서 업어 치는 기술인데, 제대로 걸리면 붕 떠서 뚝 떨어졌다. 간혹 잘못 떨어져 팔이 부러지기도 했다."

◆ 유병용 스승 말고 다른 사람에게 기술과 동작을 배우기도 했나?

"그렇다. 전주고 선배인 이승완(현 대한태권도협회장)에게 배웠다. 주로 대련 기술을 배웠는데, 손을 얼굴 위까지 들고 대련을 하는 동작도 배웠다. 들어오는 상대방을 막고 손날로 목을 치는 것도 배웠다."

◆ 주로 어떤 기술을 배우고 구사했나?

"대련을 할 때 사용하는 보편적인 발기술을 배웠다. 당시 청도관과 무덕관은 옆차기를 잘했다고 들었다. 우리 지도관은 앞차기를 잘했다. 뒤차기는 거의 하지 않았다. 다만 뛰어 옆차기를 구사하기도 했는데, 제자리에서 뒷발이 앞으로 나가면서 점프해서 공중에 떠 있는 상태에서 발을 뻗어 상대방의 가슴팍을 찼다. 대련은 전북 출신의 지도관 선수들이 아주 잘했다. 1961년 대한태수도협회(1965년 대한태권도협회로 개칭)가 창립되어 태권도 경기화가 시작될 때는 앞차기가 대련의 주요 기술이었다. 당연히 지도관 선수들이 최고로 앞차기를 잘했다."

◆ 앞차기는 어떻게 하는 것인가? 발기술이 뛰어났던 동료들이 있었는가?

"요즘처럼 발등과 발가락 끝으로 차는 것이 아니다. 발가락을 제외한 발바닥의 앞부분, 즉 앞축으로 쭉 뻗어 찼다. 전북본관 도장에서 주로 배우고 사용했던 기술인데, 앞축에 힘을 실어 상대방 몸통을 가격하면 파괴력이 컸다. 전북본관 도장에서 동문수학했던 박연희는 앞차기를 참 잘했다. 앞으로 쭉 쭉 나가면서 따발총처럼 차면 상대방 몸통에 제대로 꽂혔다. 일품이었다."

◆ 기본 발차기를 변형하거나 창안한 기술은 있었나?

"나는 이런 앞차기를 변형해 경기를 할 때 뛰어 앞차기를 잘 썼다. 1960년대 초·중반에 많이 썼다. 제자리에서 뛰어 올라 허리를 이용해 앞으로 쭉 나가면서 앞축으로 찼다. 이런 동작은 상대방 얼굴을 차기 힘들어 주로 복부, 즉 몸통을 가격했다."

◆ 겨루기 선수생활을 할 때 자주 구사한 발기술은 무엇인가? 발기술 변천사를 설명해 달라.

"당시 경기규칙에는 주먹 공격을 득점으로 인정했기 때문에 주먹을 자주 썼다. 상대방 공격을 막고 주먹으로 가슴팍을 때리는 것을 많이 연습했다. 태권도 경기화가 전개되던 1960년대 초창기에는 '메치기'라는 기술을 사용하기도 했다. 그 후 발기술을 장려해 메치기는 1960년대 중반 경기규칙에서 없어진 것으로 기억한다. 우리 지도관 출신들은 유병용 스승에게 배워서 주먹 공격을 잘했다. 앞축으로 차는 앞차기도 득점으로 인정되어 1960년대 초·중반에 지도관 출신들이 국가대표 선수로 거의 선발됐다. 이승완, 조점선 등이 대표적이다. 당시 발등으로 차는 받아 차기는 득점으로 인정되지 않아 잘 구사하지 않았다. 뒤차기도 거의 하지 않았다. 그런데 경기규칙이 개정되어 발등으로 차는 기술, 즉 받아 차기와 앞돌려 차기가 허용되면서 상대적으로 앞차기와 뛰어 옆차기는 퇴조했다. 앞차기의 경우, 받아 차기 앞돌려 차기가 성행하는 상황에서 앞축으로 길게 차면서 앞으로 나가는 것이 힘들었다. 옆차기와 뛰어 옆차기를 시도하다가 밑발등으로 차는 앞돌려차기로 아랫배를 자주 맞아 퇴조했다. 1970년대 초부터는 앞돌려차기를 방어하기 위해 뒤차기를 구사하기 시작했고, 들어찍기와 뒷발찍기 등의 새 기술이 등장했다."

◆ 1960년대 겨루기 선수생활을 한창 할 때, 기술이 특출한 사람이 있었는가? 어떤 기술을 구사했는가?

"1965년인가, 대학선수권대회 때 나는 경희대 선수로 출전했다. 그때 부산 출신의 덩치가 큰 김영수 선수가 경희대 주장과 맞붙었다. 그런데 경기를 하던 중에 선배가 김영수의 발차기에 얼굴 턱 부위를 제대로 맞고 KO패 했다. 그 모습을 보고 '아, 저런 멋진 기술도 있구나'하고 감탄했다. 당시엔 처음 보

는 기술이라 잘 몰랐는데, 그 기술은 바로 뒤후리기(뒤후려차기)였다. 지도관 도
장에서 한 번도 해보지 않았던 뒤후리기는 뒤돌려차기와는 다른 기술이다. 상
체를 세우지 않고 비스듬히 낮춰서 뒤꿈치가 돌아가면서 차면 그만큼 스피드
와 파워가 실렸다. 참 멋진 기술이었다."

◆ 겨루기 선수를 은퇴한 뒤 언제부터 지도자 생활을 했나. 그리고 어떤 기술
을 어떻게 가르쳤나?

"전국대회를 다섯 번 우승하고 1969년부터 남산공업전수학교에서 태권도
를 가르쳤다. 태권도를 했던 학생들을 50명 선발해 태권도부를 만들었다. 주
로 운동장에서 기초 동작과 기술을 배우며 체력을 길렀다. 아침과 오후, 야간
에도 했다. 내가 배운 주먹, 특히 뒷주먹을 사용하는 것을 가르쳤다. 투수가
포수에게 공을 던지는 동작처럼 허리를 숙여 몸을 낮춰서 공을 던지듯 주먹
기술을 익히도록 했다. 또 '태권도 호흡법'을 개발해 주먹을 내지를 때 호흡에
동작과 기술을 맞추도록 했다. 그러면 파워와 스피드가 좋아졌다. 내가 보고
감탄했던 뒤후리기는 제자들에게 전수하지 못했다. 할 줄 몰랐기 때문이다.
하지만 뒤돌아 옆차기는 직접 보여주며 가르쳤다. 당시 키도 크고 덩치도 있
었던 나는 체형과 신체조건상 뒤후리기를 잘하지 못했다. 당시 제자들은 김성
배, 유수철, 최종복 등이다."

이상의 증언을 정리하면 1960년대 태권도의 발전에서 중요한 요소를
추출할 수 있다.

첫째 전국에서 태권도를 수련한 사람들이 동시다발적으로 자기가 익힌
발차기를 가지고 경기에 등장했다. 이들의 발차기 기술은 경기를 하다 자
연발생적으로 생성된 것이 아니라 오랜 수련의 결과 몸에 익은 기술이었

다. 정만순은 경기에 참여하기 전에 옆차기를 주로 수련했고, 최영렬과 이승완, 유병용 등 지도관 선수들은 앞차기를 주요 기술로 썼다. 최영렬은 뛰어 앞차기를 변형해서 경기에 사용했다. 경기가 발차기 기술에 준 영향은 발차기 기법 자체를 만들어낸 것이 아니라 앞꿈치로 차던 발차기를 발등으로 차도록 바꾼 정도였다. 또한 당시에는 주먹 공격에도 점수를 주고 있었으므로 경기가 반드시 발차기 기법만 요구했다고 보기 어렵다.

둘째 정만순의 증언에서 알 수 있듯이 1960년대 태권도인들은 교본을 보고 태권도를 수련하지 않았다. 1950년대와 마찬가지로 가라테와 유사한 기법 체계를 가진 태권도교본은 실제 태권도 현장의 현실과 거리가 있었다. 교본에는 나타나지 않는 뒤후리기 같은 기법들은 실제 태권도 수련과 기법체계에서 매우 중요해졌다. 들어찍기와 뒷발찍기 등의 기법들도 등장했다.

셋째 이러한 다양한 발차기 기법들의 등장이 겨우 10여 년 만에 이루어졌다는 점도 특이하다. 이러한 현상은 우리나라가 전쟁 직후 경제적으로 큰 어려움에 직면하여 생계가 위협받는 시기에 나타났기에 더 주목을 필요로 한다. 구체적인 무예의 기술이 단기간에 창조되어 일반화되는 일은 거의 불가능하기에, 우리가 확보하고 있는 무예 문화에서 싹을 틔워 가지를 뻗었다고 설명함이 마땅하다. 짧은 시기에 발생한 다양한 발차기 기법들의 생성에는 택견의 무예 문화가 구체적인 영향을 미쳤다는 사실을 인정해야 한다.

1970년대의

태권도

1972년 11월 30일에 첫 국기원 건물이 대한태권도협회(KTA)의 중앙도장으로 건립되었다. 출범한 지 3개월이 지난 1973년 2월 6일에 국기원으로 개원하였다. 국기원의 건립목적은 태권도가 생활무예스포츠로서 최고의 경쟁력을 갖고 극기, 희생, 봉사 등 태권도 정신이 전 세계인의 생활규범으로 정착될 수 있도록 태권도 역사, 정신 등의 문화전파를 담당하는 데 있었다. 또한 태권도를 세계적으로 발전시키기 위해서는 태권도계의 단일화가 가장 우선된 과제였다. 따라서 태권도의 각 관(館)들을 하나로 묶을 수 있는 상징적인 의미의 도장이 필요했다.

총공사비 1억5,000여 만 원과 정부보조금 등으로 만들어진 국기원은 대지 1만3,025㎡(3,947평), 건평 2,369.73㎡(717평)에 지하 1층, 지상 3층으로 건물 내에 태권도 지도자연수원이 있으며 3,000명을 수용할 수 있는 경기장과 강의실·사무실·식당·샤워실·탈의실 등의 제반시설을 두루 갖추고 서울특별시 강남구 역삼동 635번지(당시 성동구 역삼동 산 76번지) 역삼 공원 내에 건립되었다. 1972년 11월 30일 오후 2시에 중앙도장 개관식을 거행 하였으며, 당시 김종필 국무총리를 비롯한 심창유 교육부차관, 양택식 서 울특별시장, 김택수 대한체육회장, 김운용 태권도협회장 등 많은 태권도인 이 참석하였다.[70]

이후 국기원은 1974년 8월 7일 재단법인 국기원으로 설립되었으며, 1979년 12월 28일 대한체육회 대강당에서 열린 대한태권도협회 대의원 총회결의에 의해 1980년 2월 5일부터 승단 및 승품 단증 발급업무를 대한 태권도협회에서 국기원으로 이관하였다. 같은 해 7월 10일부터 국기원이 주관하여 태권도 사범지도자교육(제28기부터)을 실시하였으며, 1982년 9월 1일 태권도 아카데미(현 태권도지도자연수원)를 개설하고 사범지도자교육을 담당하게 되었으며, 같은 해 11월 30일 체육부(현 문화관광부)로부터 태권도 지도자 양성기관으로 지정되었다.

국기원은 1973년 5월 25일 개원기념 제1회 세계태권도선수권대회를 개 최하였다. 1974년 8월 7일 재단법인으로 전환되면서 김운용이 초대 원장 에 취임하였다. 1974년 9월 6일 태권도 시범단 창단을 시작으로 1978년 8 월 7일 태권도 10개 관을 통합하고 태권도 품, 단증 발급을 단일화하였다.[71] 1988년 1월 1일부터는 해외 단증 발급업무를 세계태권도연맹으로부터 인 수받아 시행하게 되었다. 국기원은 세계태권도의 본부 즉 세계태권도의 총

70   이경명(2011), 『태권도 용어정보사전』, 태권도문화연구소

71   강남구향토문화재전

본산임을 강조하면서 그 존재와 권위를 명확히 하기 위해서 "전 세계 어느 나라 태권도 유단자(有段者)라도 국기원의 심사를 받지 않고는 태권도유단 자로 인정받지 못한다. 국기원의 품·단(品段) 사정에 의하여 국기원장 명의 로 발급되는 단증(段證)만이 세계적으로 유효하다"고 명시하였다.

국기원의 건립을 본격적으로 추진한 사람은 대한태권도협회 7대 회장 김운용이다. 김운용은 최홍희와 더불어 우리 태권도 역사에 선명한 발자 취를 남겼다. 태권도의 오늘을 있게 한 공로자를 두 사람 꼽는다면 최홍희 와 김운용을 거명할 수밖에 없다. 두 사람의 전인적인 활약은 현대 태권도 가 뿌리를 깊이 내리고 세계로 가지를 뻗는 데 결정적으로 기여하였다. 최 홍희는 '태권도'란 명칭에 대해 집요한 애착을 갖고 있었으며 태권도 경기 가 '겨루기' 만으로 승패를 가리는 것은 너무 단조롭다고 여겨 '품새, 격파, 겨루기'를 통하여 승패를 가리는 것이 무도의 본질이라고 주장하였다.[72]

최홍희가 창설한 국제태권도연맹(International Taekwondo Federation)이 지향하고 있는 태권도는 무도성(武道性)을 기반으로 하고 있다. 최홍희의 태권도 세계화 전략은 서민층에서 출발하여 고위층으로 확대되는 특징이 있으며, 스포츠의 성격을 넘어 무도임을 강조하였다. 그리하여 태권도 사 상과 틀(품새)에 민족적인 의미를 부여하여 한국의 문화와 역사를 태권도 를 통하여 전파하려 하였다. 이런 점에서 볼 때 최홍희의 태권도는 기본동 작과 품새의 의미에 관심이 적은 김운용이 창설한 세계태권도연맹(World Taekwondo Federation)이 주도한 태권도와는 달리 한국문화를 세계에 알리

72　김동규·김기홍·김용규(2004), 365쪽

는 역할이 강했다고 볼 수 있다.[73]

김운용은 당시 무도로서 인식되어 왔던 태권도를 단기간 내에 세계적인 스포츠로 도약시킨 인물로서 스포츠외교의 일등공신으로 불리고 있으며, 주먹이 아닌 머리로, 즉 능수능란한 수완과 뛰어난 어학능력으로 태권도를 오늘날의 모습으로 가꾸었고, 이를 바탕으로 귀족이나 재력가들로 이뤄진 국제올림픽위원회(IOC) 위원들을 이끌며 세계체육계의 2인자가 된 입지전적 인물이었다(강기석, 2001).[74] 김운용이 태권도와 체육계에 발을 들여놓았을 때는 박정희가 권력을 장악한 제3공화국 시기다. 제3공화국은 스포츠를 통하여 나라의 위상을 높이고 민족의 우월성을 세계에 과시할 수 있을 것으로 확신하였다. 또한 제3공화국 정권은 국제경기 대회에 참가하는 것이 민간차원의 외교로 기능할 뿐 아니라 여기서 거두게 되는 우수한 성과가 국위 선양으로 직결된다는 점에 착안하여 국가대표 선수들의 국제대회 참가에 적극성을 보였으며, 국제대회를 창설하거나 유치하기 위해[75] 노력하는 한편, 대표선수들의 의욕을 고취하기 위해서 우수한 선수에 대한 보상 제도도 만들어 나갔다. 특히, 제3공화국은 국제대회 유치와 파견에 많은 적극성을 보여주었고, 우수한 선수들의 발굴과 이들에 대한

---

73 김동규·김기홍·김용규(2004), 367쪽

74 강기석(2001), 135쪽

75 가장 먼저 창설된 국제대회는 1963년, 일본과 대만 등이 참가한 '박정희장군배 쟁탈 동남아여자농구대회'였다. 1971년에는 통상 '박스컵'으로 불린 '국제축구대회'(Park's Cup International Football Tournament)가 창설되었다. 박정희 정권이 국내에 유치한 최초의 국제대회는 1978년 열린 제42회 서울 세계사격선수권대회였다. 박정희는 이 대회의 유치 가능성을 알아보기 위해 1973년 언론인 신용석과 외교관 김운용을 국제올림픽위원회(IOC)에 파견했다. 김운용, 「올림픽 30年·태권도 40年」, 『중앙일보』 2008년 10월 20일 자 28면.

지원 정책을 펴 나갔다. 이 같은 정책은 국제경기 참가 자체가 민간외교이고 여기서 거두는 우수한 성적은 곧 국위 선양이라는 인식에 따른 것이었다.[76] 이러한 시대 분위기 속에서 전통의식에 충만한 태권도는 우리 스포츠 문화를 선도하는 향도적 역할에 적임이었다. 권력과 안목, 외교관으로서의 경험, 폭넓은 인맥을 겸비한 김운용의 등장은 태권도가 규모 면에서 발전하고 세계적 스포츠로 도약하는 데 극적인 속도를 더하는 결과를 낳았다.

1971년 1월 17일 대한태권도협회 제7대 회장으로 취임하면서 태권도와 체육계에 인연을 맺은 김운용은 회장 취임 직후 중앙도장인 국기원을 건립하였고, 세계태권도연맹(1973)을 창설하여 회장을 맡으면서 세계태권도선수권대회를 개최하였다. 1975년에는 태권도가 미국체육회(AAU)와 국제경기연맹연합회(GAISF), 1976년에는 국제군인체육회(CISM) 등에 정식종목으로 채택되게 하였다. 1979년 김운용은 세계비올림픽종목연합회의 회장에 선임되었고, 1980년에는 세계태권도연맹이 IOC의 정식 승인단체가 되는 동시에 태권도 종목이 올림픽종목으로 채택되는데 주역을 담당하였다. 국제경기연맹의 가입과 아시안게임, 아프리카게임 태권도경기의 실시, 그리고 1988년 서울올림픽 시범종목 후 2000년 시드니올림픽의 정식종목으로 채택되면서 태권도는 국제스포츠로 자리매김하였다.[77]

국기원은 태권도가 발전하는 데 주요 성장 동력원의 역할을 담당하였고 세계태권도연맹창설, 세계선수권대회 및 아시아 선수권대회, 국제 심판

---

76 허진석(2009), 92쪽

77 김동규·김기홍·김용규(2004), 365~366쪽

강습회, 지도자 교육, 국내 심판 강습, 승단·승품 심사, 국내 각종 주요 대회, 외국인 특별 수련회, 연무시범대회 등을 수시로 개최 또는 실시하여 현대 태권도 발전에 중추적인 역할을 하였다. 현재 국기원은 태권도 전통의 유지 계승과 범국민과 세계인의 태권도 운동화에 관한 기본 방침 수립 결정, 태권도에 관한 기술연구, 지도, 교육, 승품·단 심사, 해외 보급 사업을 실시하고 태권도에 관한 자료모집, 조사통계, 선전계몽 및 출판사업, 태권도 관련 기구 및 단체에 대한 후원 사업, 태권도 지도자 연수원 설치 운영, 태권도 공로자를 위한 복지 사업, 국내외 태권도 보급과 국기원의 원활한 운영을 위한 각국에 지부(원) 설립사업, 기타 이 법인의 목적달성에 필요한 사업 등을 수행하고 있다.

한편 1960년대에는 외형상으로 태권도협회가 창립되고 1970년에 초에 통합관의 의미를 지닌 국기원이 설립되었지만 태권도 지도자들은 여전히 각기 나름대로의 기존 관(館)을 유지하려 하였다. 이러한 현상은 각 분파의 갈등으로 표현되었다. 참된 의미에서 관(館)의 통합은 대한태권도협회가 창립한지 10여 년이 지난 뒤에야 이루어질 수 있었다. 30년 동안 제각기 나름대로 존속·유지해온 10개관 대표들은 1978년 8월 7일 모임을 갖고 통일된 행정체계 등을 바탕으로 10개관을 해체·통합할 것을 결정하였다. 태권도 10개관 도장과 대표는 1관 전정웅(송무관), 2관 이교윤(한무관), 3관 이남석(창무관), 4관 최남도(무덕관), 5관 곽병오(오도관), 6관 이금홍(강덕원), 7관 이용우(청도관), 8관 이종우(지도관), 9관 엄운규(청도관), 10관 김인석(관리관)이었다. 초기 태권도협회창립은 정부의 영향에 의해 피동적으로 이루어졌지만 10여 년이 지나 이루어진 관의 통합은 국기원이라는 태권도 조직에 의해서 주도되었다.

1970년대 태권도의

기법 변천

1970년대에는 현재 태권도 경기에서 적용되고 있는 경기규칙이 제정되었다.[78] 태권도의 세계화를 위한 경기규칙이 정착하는 단계였다고 볼 수 있다. 특히 1973년 서울에서 열린 세계태권도선수권대회와 잇달아 이루어진 세계태권도연맹 창설은 우리의 전통무예인 태권도가 세계적인 대중스포츠로 발전해 나가는 데 동력을 제공한 결정적인 변곡점 중 하나다.

국기원에서 열린 제1회 세계태권도선수권대회(1973년 5월 25~27일)에 참가한 19개국 대표 35명이 1973년 5월 28일 세계태권도연맹을 창설하였다. 이때 대한태권도연맹의 김운용이 초대 총재에 선출되었다. 연맹은 각

---

[78] 1973년 5월 28일

나라의 국가태권도협회(1개국 1협회)를 회원으로 하며[79] 대륙별로는 아시아 45개국, 아프리카 25개국, 유럽 46개국, 팬아메리카 42개국이다. 이들 4개 대륙의 국가협회들은 세계태권도연맹의 회원인 동시에 연맹 산하 4개 지역연맹(아시아태권도연맹·아프리카태권도연맹·유럽태권도연맹·팬암태권도연맹)에도 소속되어 있다. 연맹은 태권도경기대회와 태권도의 세계적인 보급 및 올림픽대회의 영구 정식종목화를 목표로 내걸었다. 연맹의 노력은 태권도가 1988년 서울올림픽과 1992년 바르셀로나올림픽에 시범종목으로 참가하고, 2000년 시드니올림픽에 정식종목으로 채택되어[80] 경기를 치르는 데 기여하였다.

연맹이 주관하는 대회는 세계선수권대회, 세계여자선수권대회, 세계주니어선수권대회, 월드컵태권도대회 등이 있다. 세계선수권대회와 세계여자선수권대회는 2년마다 함께 열린다. 제8회 세계선수권대회에 처음 여성 선수들이 참가함으로써 제1회 여자세계선수권대회가 함께 열렸다. 세계주니어선수권대회도 2년마다 열리며 1996년에 첫 대회를 열었다. 월드컵태권도대회는 1986년 개최된 이후 매년 열기로 원칙을 정하였다. 세계태권도연맹이 주관하는 국제대회 외에 연맹 산하 4개 지역연맹이 주관하는 아시아태권도선수권대회·아프리카태권도선수권대회·유럽태권도선수권대회·팬암태권도선수권대회가 있다.

국제대학스포츠연맹(FISU)과 국제군인스포츠협의회(CISM)는 태권도 종목만으로 세계대학태권도선수권대회와 세계군인태권도선수권대회를 개

---

79 2000년 3월 현재 158개국 국가태권도협회가 회원으로 되어 있다.

80 1994년 9월 4일 프랑스 파리에서 열린 제103차 국제올림픽위원회 총회의 결정.

최해 오고 있다. 이와 같은 태권도 단일 종목 국제대회 이외에도 태권도는 거의 모든 대륙·다종목 경기대회에 정식종목으로 참가해 오는 등 국제스 포츠계에서의 참여가 끊임없이 확대되어 왔다.[81]

81 『한국민족문화대백과사전』, 한국학중앙연구원

1970년대 태권도의
경기규칙

　　　　　1970년대 태권도의 경기규칙에서 득점
은 차등점수제(1~3점)를 적용했다.[82] 금지행위에 대해서는 주의, 경고, 감점
으로 세분화해 징계하였다. 경기 결과가 무승부일 때는 준결승까지는 계체
(計體)로 승자를 가렸고 결승전에서는 3분 1회전 연장을 실시한 다음에도 무
승부면 추첨을 통해 승패를 가렸다. 이 시기부터 겨루기는 일격필살과 같은
살상무술의 성격보다는 발 딛기 기법을 활용한 득점과 같이 경기 측면의 발
전이 두드러졌다. 원시적 사냥이나 방어에서 출발했거나 군사적 측면에서
급격한 발전을 본 무예와 전투 경기는 현대 스포츠로 발전하는 과정에서 인
본적 요소가 강화되고 인문화를 거침으로써 예술에 가까운 형태로 이행하

82　세계태권도연맹은 1977년에 차등점수제 폐지.

는 경우가 적지 않다. 도검을 이용해 다양한 방식으로 적을 살상하던 무예에서 출발했거나 그 성격과 특징에 기초했을 검도와 펜싱 등이 무용을 연상시키는 퍼포먼스로 발전한 것이 이를 증명한다. 태권도 역시 예외일 수는 없다. 태권도가 경기적 요소를 강화해 득점으로 승부를 가리는 스포츠로 발전하면서 새롭게 개발되거나 사용 횟수가 늘고 주요 기술로 부각된 사례도 적지 않다. 내려차기 기술과 앞발을 이용한 돌려차기(빠른 발 돌려차기) 그리고 뒤돌아 옆차기가 현재 사용되는 뒤차기 형태에 가깝게 변화되어 사용되었다.(국기원, 2011b, 겨루기론 심화) 이와 관련해 1983년 제6회 세계태권도선수권대회 페더급 우승자인 이재봉의 구술 기록이 있다.

이재봉

◆ 언제 어떻게 태권도를 시작했는가?

"초등학교 3학년, 열 살 때 시작했다. 동네에 태권도장이 생기자 부모님을 졸라 태권도를 시작했다."

◆ 특기 기술은 무엇이고 어떻게 습득했는가? 스스로 만들었다면 어떠한 계기로 만들었는가?

"나의 특기 기술은 뒤차기, 받아 차기, 주먹이다. 어려서부터 체력이 그다지 좋지 않은 나로서는 체력을 아끼면서 득점을 올리는 효율적인 경기를 해야만 했다. 그래서 상대가 들어오도록 유도한 다음 상대선수가 공격해올 때 받아 차기 역습으로 뒤차기를 많이 찼으며 높은 득점 성공률을 보였다. 또한 그 당시 경기는 뒤차기를 하고 나서 한계선을 나가도 오늘날처럼 바로 경고(당시는 주의)를 주지 않았기 때문에 많이 사용했던 것 같다. 그리고 주먹은 상대의 공격을 차단하고 또한 체력이 약한 내가 쉬기 위한 작전으로 많이 사용했다. 참고로 나의 어릴 적 도장은 킥복싱 도장과 함께 운영되어서 1단을 승단하면 킥복싱을 의무적으로 해야 했기에 주먹을 잘 사용할 수 있었다."

◆ 주변 태권도인들의 특기 기술은 무엇이고 그것을 어떻게 습득했는가?

"김종기 선수의 뒤차기는 공격 뒤차기이고 나는 받아 차기 뒤차기를 연습했다. 한재구 선수는 나래차기를 많이 사용해 전성기 때는 전매특허가 되었다. 박수복 선수의 끌어 옆차기도 일품이었다."

◆ 구체적인 수련 내용은 무엇인가?

"초등학교 때는 도장에서 하는 수련이었기 때문에 매우 단순했다. 준비운동 후 기본동작(발차기 포함)을 하였고 다음 품새 수련, 한 번 겨루기, 세 번 겨루기, 낙법, 자유겨루기 순으로 하였다. 나는 중학교 때까지 선수생활을 하지 않았기 때문에 도장 수련이 전부이다."

◆ 무슨 요일, 몇 시에 수련을 시작해서 몇 분 정도 준비 운동을 어떻게 했고 그 다음에 기본 동작이나 발차기를 어떻게 했는가?

"초등학교, 중학교 때는 선수생활을 하지 않았기 때문에 방과 후 한 시간 정도 도장에서 운동을 하였다. 고등학교에 진학해서는 선수부로 들어갔으며 좀 더 체계적인 방법으로 태권도를 했다. 새벽운동을 한 시간 가량 한 뒤 오전 수업을 마치고 3시부터 6시까지 대략 세 시간 정도 매일 운동을 하였다. 오후 운동은 준비운동, 기본발차기, 타깃 발차기, 이동 연결 발차기, 겨루기, 정리운동 순으로 하였으며, 겨루기는 실전으로 선수들이 돌아가면서 많은 라운드를 하였다. 오후 운동이 끝나면 감독님께서 개인별 장단점을 지적하셨던 것이 나의 선수생활에 많은 도움이 되었다. 이후 다니던 동네 체육관으로 가서 두 시간 가량 개인운동을 하였다. 개인운동은 주로 선배들의 특기발차기를 모방하여 훈련했으며 또한 내가 좋아하는 뒤차기, 받아 차기 및 주먹 훈련을 주로 하였다."

◆ 발차기는 무슨 발차기를 주로 했으며, 그 발차기의 이름은 무엇이었는가?

"아까 말한 대로 나의 특기 기술은 뒤차기, 받아 차기와 주먹이다."

◆ 실제로 발차기 연습이나 기본 동작 훈련을 했다면 그것을 겨루기 훈련 때 썼는가?

"되도록이면 연습했던 동작을 연습겨루기 때 사용해 보려고 노력하였고 잘되는 동작은 실전 경기에서도 사용하였다."

◆ 품새나 겨루기 연습 외에도 배우거나 가르친 것이 있는가?

"훌륭한 사범님이나 선배들의 특기기술을 살펴 개인적으로 연습하였고 지도자가 돼서는 그러한 특기 기술을 나의 학생들에게 적절하게 맞는 기술들을 지도하였다. 품새는 승단심사 시에만 잘하는 사람에게 배워 승단하였다."

◆ 도장의 관원은 몇 명이었는가?

무응답.

◆ 기본 동작, 품새, 겨루기 순으로 수련했는가? 각 부분 수련 시간의 정도는?

"초등학교와 중학교 때는 기본동작, 품새, 겨루기 순으로 수련했으며, 고등학교 때는 기본 발차기, 타깃 차기, 연결 발차기, 겨루기 순이었다."

◆ 기본 동작들의 목록은 어떻게 이루어 졌는가? 어떤 발차기들을 수련했는가?

"기본 발차기는 앞차기, 돌려차기, 옆차기, 찍어 차기, 뒤차기, 뒤돌려차기, 주먹 순으로 하였다. 훈련 중 발차기 수련은 받아 차기 위주의 단순한 돌려차기, 뒤차기, 주먹, 앞발 받아 차기 등이었고 공격은 빠른 발차기, 앞발 내려차기, 뒷발 내려차기 등이었다."

◆ 정규 수련시간 외에 개인 수련시간에 누가 어떤 발차기 혹은 어떤 기술을 수련했는가?

"조남수 선수의 경우 김종기 선수를 타깃으로 하여 뒷발 받아 차기를 거의 누운 듯한 자세로 차는 연습을 하였으며 윤준철 선수는 핀급으로서 바로 상대 허벅지를 밟고 이어서 뒤차기나 뒤돌려 차는 기술을 구사하였다."

◆ 각 관을 대표하는 관장님은 1주일 몇 번 나와 몇 시간씩 가르쳤는가? 구체적으로 배운 기술과 진행 방법은?

"관의 관장님께 직접 배운 적은 없다."

◆ 관장님들이 학생들을 지도한 시간이 적다면 다른 누가 누구에게 무엇을 어떻게 가르쳤는가?

"학교에서 감독님이 없어도 학생 중에서 주장이 훈련을 시켰다."

◆ 기술과 태권도 실제 수련 내용에 대해 자세히 말해 달라.

"기술은 갑자기 향상되는 것이 아니라고 본다. 꾸준히 목표를 갖고 연습하면 자기만의 특기 기술이 나오는데 보통 동계훈련이 끝나면 많이 향상됨을 실감했다."

◆ 당시 태권도 시범을 본 사람들의 반응, 예를 들어 발차기나 돌려차기를 처음 본 관중들의 반응은 어떠했는가?

"같은 사람으로서 저렇게 발놀림을 할 수 있을까 하고 느꼈던 것 같다."

◆ 태권도 시범의 구성은 어떻게 진행이 되었는가?

"주로 어려운 묘기 발차기 시범을 보였고 위력 격파가 주를 이루었다."

◆ 교본의 내용과 실제 수련했던 태권도 기술과 수련의 내용이 다른가?

"교본에 나와 있는 형의 기본은 같았으나 각 관의 형이 달랐다. 또한 발차기의 형태나 겨루기의 기술은 각 관 혹은 지도자에 따라 선호하는 동작이 제각각이었다."

◆ 시범은 기술을 어떻게 습득하였는가? 누구에게 배우고 어떠한 기술을 했으며 얼마나 연습했는지? 그리고 본인의 대표 기술이 있었는지? 있었다면 본인이 개발했는지 누구에게 전수를 받았는지?

"나는 겨루기 선수출신으로 88올림픽을 대비하여 문체부에서 국기원 시범단을 활성화시킬 때 국기원 시범단원이 되어 시범 기술을 연습하였다. 겨루기 선수 출신으로 시범을 못하였던 나는 기본기부터 배웠으며 당시에 특기로는 3방 옆차기와 무기를 사용하는 호신술 시범 및 겨루기 시범이 있었다. 이러한 기술은 모두 시범단 선배들에게 배웠으며 특히 김현성 사범이 많이 도와주었다."

◆ 태권도의 정체성에 대해 말해 달라.

"근래 태권도 경기에서 전자호구가 사용되면서 태권도 발차기의 정체성을 잃어 가고 있는 것 같아 안타깝다. 태권도는 근본적으로 스포츠이기 이전에 무술이다. 무도 본연의 정체성을 찾기를 바랄 뿐이다."

이재봉의 증언은 태권도 발차기가 1970년대에 어떻게 변모했는지를 단편적으로나마 설명하고 있다. 태권도는 1950년대와 1960년대에 이어 지속적으로 발차기 중심으로 발전했다. 1970년대의 발차기 기법들은 경기를 중심으로 더욱 정교하게 발전하고 변형되었다. 또한 태권도 시범이 발전하기 시작했다. 묘기 발차기 시범을 보였고 위력 격파가 주를 이루면서, 가라테나 쿵푸와 같은 다른 무예들의 시범과도 차별화를 이룰 수 있게 되었다. 여러 가지 변형된 기법들이 나타나기 시작하였는데, 한재구의 나래차기나 김종기의 공격 뒤차기 등을 예로 들 수 있다. 이러한 기법들은 태권도 경기에 의해 자극을 받은 뛰어난 선수들이 개발하거나 발전시킨 것으로 그 성격과 내용이 매우 독특하다. 더 연구를 해야 할 부분이다.

1980년대의
태권도

1980년대에는 대학에 태권도학과가 개설되면서 태권도 단체의 모임이 관(館)을 벗어나 태권도 대학을 중심으로 새롭게 형성되기 시작하였다. 대학 태권도 졸업생으로 결성된 대학 태권도동문회는 태권도 정책이나 태권도협회의 흐름과 발전에 큰 영향을 미치기 시작했다. 지역마다 태권도학과가 있는 학교가 많으며 용인대학교, 경희대학교, 계명대학교, 한국체육대학교, 동아대학교, 우석대학교 등이 대표적이다.

최초로 태권도학과가 개설된 곳은 용인대학교이다. 용인대학교는 1977년 격기학과와 태권도 전공으로 신설되어 유지되어 오다 1982년 태권도학과로 바뀌어 현재까지 이어져 오고 있다. 경희대학교는 1983년 태권도학과를 신설하여 국내외 태권도 지도자 및 체육지도자를 양성하고 있다. 한국체육대학교는 1997년 3월 2일 태권도학과를 야간으로 개설했고 2005년 3월 1일 주간으로 전환했다. 그 밖에 지방대에서도 태권도학과가 연이어 신설되었다. 동아대, 계명대, 우석대학교 등이다.

1988년에 서울에서 개최된 올림픽 개막식은 태권도를 세계에 알리는 데 크게 기여했다. 대규모의 태권도 시범이 이루어져서 세계인들에게 강렬한 인상을 주었다. 또한 이 대회에서 태권도는 시범 종목으로 운영되었다.

1980년대

태권도의 기법 변천

1980년대에는 경기 중에 선수들을 보호하기 위한 노력을 중심으로 일부 규정이 보완·강화되었다. 몸통보호구 외에 팔다리 보호대와 낭심 보호대(1982년) 그리고 머리 보호대(1986년)의 착용을 의무화하였으며, 단일 점수제로 전환(1979년)하였다. 이 시기에는 겨루기의 경기화가 본격화되었으므로 다양한 겨루기 전술과 차기 기술이 득점을 하는 데 유리한 방향으로 시도되었다. 경기에서 승리하기 위해서는 득점이 필요했기에, 상대를 제압하여 무력화할 수 있는 큰 기술 중에서 성공률이 낮거나 많은 에너지를 소모하여 득점을 하는 데 효율적이지 못한 기술들은 도태되었다. 그 결과 득점하기에 적합한 경기기술들이 경기장에서 중점적으로 사용되었다.

이러한 현상은 선수들이 얼굴보다는 몸통을 중심으로 공격하고 발 딛기가 상대를 속이기 위한 속임 동작으로 발전하는 결과를 낳았다. 또한 심판이 득점을 판단할 때 몸통보호대에서 나는 소리의 크기를 기준으로 함에 따라 득점력이 가장 높은 돌려차기의 사용 빈도가 높아졌으며, 이때 돌려차기가 변형되어 시도된 기술이 돌개차기(공격)와 나래차기(받아 차기) 기술이다. (국기원, 2011b, 겨루기론 심화)

1990년대 이후의

태권도

1990년대에는 여가활동에 대한 대중의 욕구가 증대하면서 스포츠에 대한 관심이 고조되었다. 1993년 출범한 김영삼 정권은 권위주의 군사정권과는 달리 엘리트 스포츠 중시 정책에서 벗어나 생활체육 중시 정책으로 전환하려는 의지를 강하게 보였다. 태권도는 이러한 사회적 분위기 속에서 엘리트 스포츠의 장점과 특징을 지켜내면서도 사회 각계각층의 다양한 요구를 충족시켜야 했다. 이러한 노력으로 태권도를 건강이나 취미, 호신술 등으로 수련하려는 사람들을 위한 태권도 대중화를 추진하게 되었다.

1990년대는 국기원과 세계태권도연맹, 대한태권도협회 등 3대 기구가 태권도 발전을 위해 전력투구한 시기이기도 하다. 태권도 기구들의 가장 두드러진 움직임은 태권도의 입지를 세계적으로 굳건히 하고 국제 대회와 올림픽 정식 종목으로 뿌리를 내리도록 하려는 노력에 집중되었다. 그 대표적인 움직임이 세계태권도연맹의 '올림픽종목채택추진위원회' 결성이다. 태권도계는 1988년 서울올림픽과 1992년 바르셀로나올림픽에 시범종목으로 참가한 태권도를 올림픽 정식 종목으로 끌어올리기 위하여 진력하였다. 세계태권도연맹은 1994년 초 태권도의 올림픽 정식 종목 채택을 위해 '올림픽종목채택추진위원회'를 구성하였는데, 국내외 인사 52명이 추진위원으로 참여하였다. 위원장 김집, 부위원장 조시아 헨슨, 실무간사 이금홍, 기획 장주호, 재정 박용성, 홍보 박갑철, 운영 김용래 등이 주요 인물이다.

같은 해 4월 22일과 23일 서울 장충체육관에서 서울국제태권도대회가 국제올림픽위원회(IOC) 창립 100주년 기념을 겸해 세계태권도연맹의 주최로 개최되었다. 참가국은 한국, 스페인과 차기 올림픽 개최국인 미국, 호주였다. 이 대회는 출전국 임원들과 대회관계자들은 물론 IOC 관계자들에게 태권도의 모든 매력을 보여줄 수 있었다. 서울국제태권도대회는 태권도의 올림픽 정식 종목 채택을 실현하려는 세계태권도연맹의 승부수로 평가된다. 태권도계의 노력은 헛되지 않았다. 1994년 9월 5일 프랑스 파리에서 열린 제103차 IOC 총회는 태권도를 2000년 시드니올림픽 정식 종목으로 채택하였다. 이때까지 올림픽 정식 종목으로 채택된 아시아 전통경기는 일본의 유도와 한국의 태권도뿐이었다. 또한 올림픽 종목에 한국어가 영어, 프랑스어, 일본어와 함께 올림픽 경기 공식 언어가 되었다.

대한태권도협회는 1992년 태권도 한마당 대회를 창설하였다. 이 대회는 태권도가 생활체육의 일부로서 선수 이외의 일반인에게 다가가는 한편 태권도 대회 문화를 새롭게 만들어가려는 노력을 반영한 것이다. 한편 국기원에서는 태권도 시범단의 국내외 홍보와 심판 및 사범교육 등을 통해 태권도 보급에 더욱 노력하였다. 태권도는 1997년 문화체육부가 선정한 한국의 10대 상징 중 외국인을 대상으로 한 설문조사에서 인지도 1위를 차지하였다. 2000년 시드니올림픽에서도 정식 종목으로 운영되었다. 국회에서는 한국의 대표 관광브랜드로서 상품화하는 방안에 대한 연구가 본격화되었다. 태권도는 대한민국을 상징하는 국가 브랜드로서 입지를 분명히 했다.

이런 태권도의 세계적인 위상에 걸맞은 세계 태권도의 중심 본부이며 태권도 종주국으로서 위상을 높일 상징적인 태권도 성지가 절실히 필요하다는 의견이 제기되었다. 이에 따라 1998년 대한체육회에 '태권도 성지 건립'을 건의, 태권도 공원 건립 사업이 추진되기도 하였다. 그러나 공원 부지 선정 과정에서 후보지 유치를 놓고 21개 지방자치단체 사이에 경쟁이 과열되었고, 문화관광부는 사회갈등 등 부작용을 우려해 2000년 10월 사업 유보를 발표하였다.

태권도 공원 사업은 2004년 2월에 다시 추진되었다. 태권도 공원 유치 신청을 한 17개 지방자치단체 사이에 매우 치열한 경쟁이 이루어졌고 춘천과 무주, 경주 등 세 곳이 최종 후보지로 선정되었다. 이 중 무주가 2004년 12월 30일 태권도 공원 유치 도시로 결정되었다. 이에 따라 2005년 2월 태권도 공원 조성 추진 준비단(7명)이 발족되었고 6월 27일 재단법인 태권도 진흥재단 창립이사로 이대순이 취임하였다. 같은 해 7월 태권도 진흥재단은 문화관광부로부터 재단법인으로 설립허가를 받았다.

국내외 태권도계의 노력은 2007년 12월 태권도 진흥 및 태권도공원 조성 등에 관한 법률이 제정됨으로써 결실을 보았다. 이후 태권도 공원 조성 계획에 대한 총사업비 6,009억 원이 확정되었다. 이 금액 중 국고가

2,044억 원, 지방비 141억 원, 기부금 176억 원, 민자 3,648억 원이 편성되었다. 2009년 9월 4일 태권도 공원 기공식이 전라북도 무주군 설천면에서 태권도 진흥재단 주관으로 열렸다. 기공식에는 IOC 위원, WTF 임원, 정·관계 체육·태권도계 주요 인사, 국내외 태권도인 그리고 지역 주민 등 1500여 명이 참석하였다.

태권도 진흥재단은 2006년 국제태권도심포지엄을 개최하고 해외한인 태권도 사범 수기 공모를 하여 세계태권도역사 자료집을 발간하였다. 국내외 태권도 네트워크 구축, 태권도 학술연구 및 학술회의, 아시아 문화동반자 사업의 일부로 태권도 관계자 연수도 실시하였다.

1990년대

태권도의 기법 변천

　　　　　　　　1990년대는 태권도가 국제적으로 인
정을 받기 위하여 경기규칙의 단순화 작업 등 기술과 기법의 부문에서 많
은 노력을 기울인 시기이다. 특히 올림픽 정식 종목을 염두에 둔 경기규칙
의 전환과 확립이 이루어지는 단계라고 볼 수 있다. 전자 채점기를 통한 득
점의 즉시 표출(1987년 10월 7일), 경기장 바닥에 탄력성 있는 매트를 사용할
의무(1991년 10월 28일), 체급별 체중의 상향조정, 국제 경기방식 채택, 감독
관제 폐지(1997년 11월 28일) 등이 주요 개정 내용이다. 이 시기의 겨루기 기
술 및 전술과 관련된 특징은 우세판정에 따른 전술의 변화와 선수들의 체
력을 바탕으로 한 스피드 강화를 들 수 있다.

　1980년대 후반부터 1990년대 후반까지는 심판들이 득점강도의 기준을
강화하여 적용함으로서 우세판정으로 승패를 가리는 비율이 높아졌다. 특

히, 경기규칙 8차 개정(1997년 11월 18일) 후 남자는 11%, 여자는 14% 높아졌다는 연구결과가 발표되었다. 우세판정의 기준은 경기의 주도권, 선제공격이 많은 자, 기술 발휘 횟수, 고난이도 기술 발휘 횟수, 경기매너 순으로 하였으며, 주심 또는 부심에 의하여 판정되었다. 따라서 득점을 획득하기 위해 무리한 선제공격이 아닌 경기의 주도권을 잡을 수 있는 속임 동작(모션)과 함께 밀어차기(커트발), 빠른 발 돌려차기 등 앞발을 활용한 공격 기술을 주로 사용하였다. 또한 앞발 공격기술에 대응하기 위하여 앞발 뺐다 돌려차기, 나래차기, 앞발 제자리 얼굴 돌려차기 등의 받아 차기 기술이 사용되었으며, 뒤로 돌아서 받아 차는 기술인 뒤차기와 뒤후려차기 기술은 잘 구사하지 않았다.

또한 1990년대 중반이후 스피드를 중요시하는 훈련 프로그램과 함께 웨이트트레이닝을 병행한 결과로 경(輕)·중(中)·중(重)량급 구분 없이 선수들의 파워가 강화되었으며 중(重)량급(웰터, 미들, 헤비급) 선수들의 스피드가 경(輕)량급화 되었다. 따라서 선수들은 체급에 구별 없이 강한 힘을 이용한 단일 동작뿐만 아니라 빠른 몸놀림을 활용한 연결공격이 주로 사용되었다. (국기원, 2011b, 겨루기론 심화)

태권도 경기가 2000년 시드니올림픽에 정식종목으로 채택된 이후 태권도에 대한 관심은 높아진 반면 여러 가지 문제점이 노출되면서 관중의 시각에서 태권도 경기를 보다 즐길 수 있는 경기규칙의 변화가 이루어진다. 기존 단일득점제의 단조로움을 보완하고 얼굴공격을 강화하며, 관중들에게 흥미와 재미 그리고 박진감 넘치는 경기를 보여주고자 차등점수제의 재도입(2001년 10월 31일)과 전자호구 및 서든데스(2005년 11월 7일), 공격하지 않는 행위에 대한 제재(8초 촉진)를 도입하였다. 특히, 또한 차등점수제는 득점 방식에 따라 최대 4점에서 점수를 부여하도록 개정(2009년 1월 14일)되었다.

차등점수제의 재도입은 몸통돌려차기 위주의 경기형태에서 얼굴 공격 등 다양한 발기술을 발휘할 수 있도록 변화시켰다. 특히, 회전에 의한 기술 득점 시 1점을 추가로 부여하는 득점방식의 변화는 뒤차기와 뒤후려차기 그리고 돌개차기 기술을 활성화시켰다. 또한 전자호구의 도입은 뒷발 공격위주의 공격전술에서 앞발을 활용하여 배 부위를 공격 또는 받아 찰 수 있는 전술로의 변화를 가져왔으며, 8초 촉진 규정은 체력강화훈련의 중요성을 선수들에게 강하게 인식시켰다. (국기원, 2011b, 겨루기론 심화)

태권도의
미래

　　　　　　　광복 이후 태권도의 발전에는 다양한
요인들이 개입되어 있다. 따라서 이 부분에서의 태권도 현대사를 설명한
다는 것은 복잡한 일이고, 입장에 따라 다른 역사적 해석을 낳고 있기도 하
다. 하지만 여러 측면을 살펴볼 때 태권도는 광복 이후에까지 전승되고 있
는 택견이 변형발전된 것이라는 역사 해석이 가장 적절한 것으로 보인다.
광복 이후의 태권도 발전에서 가장 중요한 역사적 측면들은 다음과 같이
정리해볼 수 있다.

　　첫째, '태권도'라는 명칭이 제정되고, 태권도가 독자적인 한국무예로서
정체성을 갖기 시작하였다. 둘째, 태권도 수련인구가 폭발적으로 증가하였
고 태권도 수련체계와 수련단체, 협회 들이 갖추어졌으며 그 수가 많아졌
다. 셋째, 태권도가 현대적인 형태로 발전하는 데에는 가라테나 우슈와 같

은 타 무예들이 여러 측면에서 영향을 주었다. 넷째, 태권도의 가치가 인식됨에 따라서 정치적인 지원이 이루어졌다. 다섯째, 태권도가 한국을 대표하는 무예로서 정체성을 확립함과 동시에 한국 무예들 중의 하나로 발전하였다. 여섯째, 태권도가 한국뿐만 아니라 세계로 퍼져 나가면서 세계 곳곳에서 한국과 한국문화를 알리는 정신문화가 되었다. 일곱째, 영화나 드라마와 같은 대중문화를 통해서 태권도의 기법들이 다른 무예들에서 차용되면서 세계의 무예들에 영향을 미쳤다. (국기원, 2011a, 태권도 역사)

태권도는 유럽과 아메리카 대륙에서 큰 성장을 이루었고, 많은 수련 인구를 거느리게 되었다. 이러한 태권도의 강력한 경쟁력과 성공의 원인은 무엇일까? 여러 가지로 분석될 수 있지만 다음의 네 가지 원인은 간과할 수 없는 중요한 것들이다.

첫째는 태권도의 실전성이다. 태권도는 처음 외국에 알려질 때 외국 사람들은 결코 상상할 수 없었던 싸움의 방식을 보여주었는데, 그것이 바로 발차기였다. 태권도의 실전성은 두 가지 원인에 기인하는 것으로 보인다. 첫째는 의외성이고 둘째는 다양성이다. 의외성이란 상대가 생각하지 못한 방식으로 공격과 방어를 하는 것을 말한다. 태권도를 알지 못했던 사람들은 싸울 때 주먹만 사용했다. 그런 그들에게 상상하지도 못했던 태권도의 발차기가 상하좌우로 쏟아졌다면 비대칭의 싸움으로 치달을 수밖에 없었을 것이다. 다양성은 손 공격과 더불어 발 공격도 한다는 뜻이다. 이 다양성으로 인해 싸움의 수단이 더 많아졌다. 오늘날 태권도의 기술은 잘 알려졌기 때문에 실전성은 오히려 감소하는 면이 있다.

둘째는 태권도의 미학적 가치이다. 태권도가 세계 무술문화의 중심에서 있는 또 다른 이유는 동작의 아름다움 때문이다. 다른 무술에서는 주먹을 휘두르거나 상대를 넘어뜨리는 것 이상의 동작을 보여주지 못한다. 기껏해야 두꺼운 송판이나 벽돌을 깸으로써 강력한 파괴력을 인상적으로 보여주는 데 그친다. 하지만 태권도는 공중을 날듯이 뛰어오르고, 손도 닿지 않을 듯한 격파물을 차서 깨며, 공중에서 빙글빙글 돌면서 그 회전을 이용해서 찬다. 이러한 모습들이 외국인들에게는 매우 감명 깊게 다가가기 때문에 사람들은 태권도를 "세상에서 가장 아름다운 무술"이라고 부른다.

셋째는 태권도가 세계적으로 인기 있는 무술이 된 중요한 이유는 태권도의 교육적 가치 때문이다. 태권도는 세계 곳곳에서 사람들의 정신을 변화시키고, 인성을 바르게 하는 교육적 효과에서 강력한 힘을 발휘해 왔다. 미국에서는 마약과 절도 등을 끊지 못하던 청소년들이 태권도를 배움으로써 습관을 바꾸었다. 장애인들이 태권도를 수련함으로써 일반인 이상의 파괴력을 시범보일 수 있게 되었다는 뉴스도 심심찮게 보도되었다. 이런 까닭에 모든 태권도 교육자들은 태권도의 정신적 가치에 주목하게 되었고, 태권도는 철학이 있는 무예로 널리 알려져 있다.

넷째는 태권도의 지속적 발전 노력이다. 태권도가 지금까지 발전한 데에는 앞서 서술한 태권도 자체의 다양한 장점이 작용했지만 동시에 국기원, 세계 태권도 연맹 등의 태권도 기관이 다양한 방면에서 서로 협력하고 태권도 발전을 위해 노력했음을 간과해서는 안 된다. 태권도는 정치적인 필요에 따른 면이 없지는 않으나 관이 통합되고 일원화된 기관들이 협력적으로 정비되었다. 이것은 역사적인 행운에 가깝다.

태권도는 21세기에 들어서면서 민족의 과제를 짊어지는 선구자적 역할을 요구받게 되었다. 분단의 역사를 고스란히 반복한 태권도의 운명은 민족의 교류와 화합, 통일이라는 숙명을 받아들이지 않으면 안 될 위치에 놓이는 것이다. 다행히도 남과 북은 무예의 정신과 혼이라는 면에서 일체감을 보이고, 단일화 내지는 통합의 가능성을 여러 경로를 통해 확인하였다. 예를 들어 2018년에 북한을 방문한 세계태권도연맹(WT) 총재 조정원의 경험은 남북 태권도인 모두에게 자신감을 불어넣기에 족하다.

조정원은 "남과 북의 태권도를 하나로 만드는 작업이 남북이 하나 되는 출발점 역할을 할 겁니다. 향후 태권도가 만들어낼 엄청난 기적의 불씨를 직접 보고 왔습니다"라고 하였다.[83] 그는 북한에 기반을 둔 국제태권도연맹(ITF)의 초청으로 2018년 10월 31일부터 11월 3일까지 WT 태권도 시범단과 함께 3박4일간 평양에 머무는 동안 '남북 태권도 통일'에 대해 의미 있는 진전을 이뤄냈다. 11월 2일 ITF 총재 이용선과 평양 양각도국제호텔에서 회담한 다음 '태권도 통합 및 발전을 위한 평양 합의서'를 채택했다.

합의서는 ▶WT와 ITF의 통합을 준비할 공동 기구를 발족하고 ▶양측 태권도 시범단이 합동시범단을 구성해 월드 투어를 진행하고 ▶국제대회를 공동 개최하고 ▶서로 다른 규칙과 용어를 통일하기 위해 남·북 선수들의 합동 훈련을 진행한다는 등의 내용을 담았다. 아울러 두 단체가 ▶서로의 단증과 심판자격증을 상호 인정하는 한편 ▶태권도를 유네스코(UNES-CO·유엔교육과학문화기구) 지정 세계문화유산에 등재시키기 위해 힘을 모으기로 했다.[84]

---

83 『중앙일보』, "남북 교류, 출발은 태권도가 맡겠다", 2018년 11월 7일 자 7면

84 중앙일보, "남북 교류, 출발은 태권도가 맡겠다", 2018년 11월 7일 자 7면

남북 태권도가 다른 길을 걷게 된 것은 육군 소장 출신으로 국제태권도연맹(ITF)을 창설한 최홍희의 캐나다 망명 이후다. 망명한 최홍희가 북한에 태권도를 보급하자 박정희 정권은 김운용 전 국제올림픽위원회(IOC)위원을 앞세워 세계태권도연맹(WTF)을 설립했고, 이후 두 단체가 세계 태권도계를 양분해왔다.

남북한의 태권도는 체계와 수련 방법이 흡사하다. 그러나 둘을 완전히 구분할 수 있을 만큼 용어와 경기 규칙에 다른 점도 많다. 한국의 '품새'를 북한에서는 '틀'이라고 하며 '겨루기'는 '맞서기'라고 부른다. 겨루기에서는 공격이 완전히 몸에 닿아야 점수로 인정한다. 그러나 맞서기에서는 몸에 닿기 직전 공격을 멈추도록 정했다. 한국에서는 손으로 얼굴을 때릴 수 없지만 북한에서는 얼굴도 공격 대상이다. 북한 태권도에서는 보호대를 사용하지 않고 장갑과 신발을 착용한다. 한국 태권도가 발 기술 위주로 화려한 반면 북한은 실전을 방불케 한다. 한국 태권도가 스포츠에 가깝다면 북한 태권도는 격투기 성격이 짙다.

하지만 이런 차이가 본질적이라고 할 것은 아니다. 태권도의 원형이라고 할 수 있는 수박희(택견)에 대한 고려시대 기록을 보면 당시에도 택견에 무예와 스포츠 두 가지 성격이 모두 있음을 엿볼 수 있다. 고려사는 "이의민이 맨주먹으로 기둥을 치니 서까래가 움직였고, 두경승이 주먹으로 벽을 치니 주먹이 벽을 뚫고 나갔다"고 적고 있다. 무신정권을 이끌었던 두 사람이 모두 택견의 고수였던 것이다. 이의민이 택견을 잘해 승진했다거나, 문신과 무신이 단체로 겨루기를 했다는 기록도 있다. 승부를 가리기 위한 규칙이 있었다는 말이다. 택견은 화약 발명 후 신무기가 등장하는 고려 말에 이르면 무술로서의 가치가 쇠퇴한다. 결국 택견은 시대의 요구에 따라 무예도, 스포츠도 되었던 셈이다.[85]

---

85 경향신문, "남북 태권도 통합", 208년 11월 5일 자 30면

Böhme, Hartmut. Matussek, Peter, Müller, Lothar.(2000), *Orientierung Kulturwissenscahft*, Rowolhlt Taschenbuch Verlag GmbH, Reinb bei Hmaburg.

Gerald Leinwand(1986), *The Pageant of World History*, Allyn & Bacon.

Sarah M. Nelson(1993), *The Archaeology of Korea*, Cambridge University Press.

강동원(2007), 『한국 중세 무예활동 연구』 보경문화사.

강명관(2004), 『조선의 뒷골목 풍경』 푸른역사.

강원식·이경명(1999), 『태권도 현대사』 보경문화사.

고동영(1993), 『한국상고무예사』 뿌리.

고준환(1994), 『하나되는 한국사』 범우사.

국기원 태권도연구소(2006), 『태권도 역사·정신에 관한 연구』 태권도진흥재단.

국기원(2010), 『태권도 3급 지도자 교재』

국기원(2011a), 『1급 태권도 지도자 연수 교재』

국기원(2011b), 『2급 태권도 지도자 연수 교재』

국기원(2011c), 『3급 태권도 지도자 연수 교재』

김광언(1994), 『김광언의 민속지』 조선일보사.

김구(1995), 『백범일지』 도서출판 대유.

김동규·김기홍·김용규(2004), 「최홍희와 김운용의 태권도철학과 세계화 전략」 『한국체육철학회지』 제12권 제2호.

김산호(2011), 『슈벽, 가라테, 그리고 태권도』 무카스.

김상복(2009), 「최홍희 『태권도교본』의 발차기 기법에 대한 역사적 해석」 『한국사회체육학회지』 제37권 제1호.

김영만(2010), 『택견겨루기 총서』 상아기획.

김영만·김용범(2011), 「당수의 중국기원설에 대한 재논의」 『태권도연구』 제2권 제1호.

김영선(1999), 「태권도 역사서술에 관한 문제인식과 해결방안」 『태권도 역사·철학·정신의 가치창출을 위한 태권도학술세미나 자료집』

김용옥(1990), 『태권도철학의 구성원리』 통나무.

김운용, 「올림픽 30年 태권도 40年」 『중앙일보』 2008년 10월 20일 자 28면.

김운회(2010), 『대쥬신을 찾아서(1)』 해냄출판사.

김학주(2001), 『중국 고대의 가무희』 명문당.

나영일(1997), 「조선시대의 수박과 권법에 대하여」 『용인대학교 무도연구지』 제8집, 제2호.

나영일(2003), 『정조시대의 무예』 서울대학교출판부.

남기영(2004), 「태극권의 발생과 변천과정에 관한 연구」 명지대학교 체육학과 대학원 박사학위 논문.

노영구(2006), 「태권도 전사(前史)로서 한국 전근대 徒手武藝의 전개—조선시대를 중심으로」 『태권도 역사·철학·정신의 가치창출을 위한 태권도학술세미나 자료집』

마츠다 류우치(1990), 『도설 중국무술사』 서림문화사.

박병식(1998), 『도적맞은 우리 국호 일본』 문학수첩.

박영순(2008), 『우리가 정말 알아야 할 한국 문화』 현암사.

박종관(1983), 『전통무예 택견』 서림문화사.

배영상 송형석 이규형(2002), 『오늘에 다시 보는 태권도』 이문출판사.

서성원(2007), 『태권도 현대사와 길동무하다: 1945년부터 2006년까지의 생생한 기록』 도서출판 상아기획.

손동현·이상엽 역(2004), 『문화학이란 무엇인가』 성균관대학교 출판부.

송일훈(2010), 『한·중·일 격투무예 연구』 한국학술정보.

송형석(2005), 『태권도사 강의』 이문출판사.

송형석(2008), 『태권도사 신론』 이문출판사.

송형석·이규형(2008), 「태권도 역사논쟁: 신전통주의의 수정주의 비판에 대한 역비판」 『한국체육철학회지』 제16권 제2호.

신채호(이만열 주석, 1983), 『조선상고사』(下). 단재 신채호선생기념 사업회.

안용규(1998), 『태권도 사관정립을 위한 연구』 대한태권도협회 연구개발 특별위원회.

안휘준(1999), 『한국회화사』 일지사.

양진방(1986), 「광복이후 태권도의 발전과정과 그 역사적 의의」 서울대학교대학원 미간행석사학위 청구논문.

이경명(1997), 『태권도』 대원사.

이경명(2002), 『태권도의 바른 이해』 도서출판 상아기획.

이경명(2011), 『태권도 용어정보사전』 태권도문화연구소.

이덕일·김병기(2006), 『고조선은 대륙의 지배자였다』 역사의아침.

이병선(1996), 『日本古代地名研究:韓國 옛 地名과의 比較』 아세아 문화사.

이선근(1968), 「남대양주까지 뻗은 고려인삼과 태권도」 『주간조선』 1968년 11월 3일 자.

이용복(1990), 『한국무예 택견』 학민사.

이원국(1969), 『태권도교본』 진수당.

이종우(1973), 『태권도교본』 대한태권도협회.

이지린·강인숙(1988), 『고구려 역사』 논장출판사.

이창후(2000), 『태권도의 철학적 원리』 지성사.

이창후(2003), 『태권도 현대사와 새로운 논쟁들』 도서출판 상아기획.

이창후(2005), 「태권도의 발전과 역사 및 철학」 『태권도학: 회고와 전망』 상아출판사.

이창후(2010), 『개정판: 태권도 현대사와 새로운 논쟁들』 도서출판 상아기획.

이창후(2016), 「태권도의 역사와 문화의 전승력」 『태권투게더』 제2권 11, 12호.

이호성(2007), 『한국무술 미 대륙 정복하다』 한국학술정보.

임희완(1994), 『역사학의 이해』 남양문화사.

전덕재(2005), 「신라 화랑도의 무예와 수박」 『한국고대사연구』 제38호.

전인배(2006), 「空手道의 由來와 명칭 변경」 단국대학교 교육대학원 미간행석사학위청구논문.

정근표(2002), 「현대 태권도 사론(史論)의 TEXT적 접근」 경희대학교 스포츠과학과 석사논문.

정인보(1946), 『조선사 연구』(상), 서울신문사.

정재성(2008), 『전통무예와 택견』 한국학술정보.

정찬모(1976), 『태권도 교육자료』 문교부.

조명렬·노희덕·나영일(1996), 『체육사』 형설출판사.

조완묵(1971), 「태권도사」 『태권도』 제2호, 대한태권도협회.

최석남(1955), 『권법교본: 화랑도와 권법』 동아문화사.

최영렬(2005), 「태권도와 택견기술의 비교 연구」 『태권도학: 회고와 전망』 상아출판사.

최영렬·전정우(1997), 「태권도 사관 정립 방향에 관한 고찰」 『체육과학논총』 제10호.

최홍희(1960), 『태권도교본』 성화문화사.

최홍희(1966), 『태권도교본』 성화문화사.

최홍희(1969), 『태권도지침(포켓판)』 신진각.

최홍희(1970), 『태권도교본』 성화문화사.

콘체비치 L.R.(1970), 『한국의 역사적 명칭』 모스크바.

태권도진흥재단(2006), 「태권도 역사·정신에 관한 연구」

프라센지트 두아라, 문명기 외 역(2004), 『민족으로부터 역사를 구출하기』 삼인.

한국고중세사사전(2007), 가람기획.

허인욱(2002), 「手搏戲에 대한 考察」 『체육사학회지』 제10호.

허인욱(2004), 「형성과정으로 본 태권도의 정체성에 관하여」 『체육사학회지』 제14호.

허인욱(2005),『우리무예 풍속사』푸른역사.

허인욱(2008),『관(館)을 중심으로 살펴본 태권도 형성사』한국학술정보(주).

허진석(2010),『스포츠공화국의 탄생』동국대학교 출판부.

허진석(2015),『놀이인간』글누림.

황기(1970),『수박도대감』계량문화사.

황원갑(2004),『민족사를 바꾼 무인들』인디북.

1992년 5월. 나는 비고의 주택가 골목을 걷고 있었다. 비고는 스페인의 갈리시아 지방, 대서양을 바라보는 바닷가에 있는 도시다. 카탈로니아, 카스티야, 안달루시아, 바스크와 같은 스페인의 여러 지방처럼 갈리시아도 자신들만의 정체성이 독특한 곳이다. 예를 들어 그곳 사람들은 축구 종목에서 벌어지는 FC바르셀로나와 레알 마드리드의 치열한 경쟁을 결코 남의 일처럼 바라보지는 않지만, 그렇다고 미칠 듯이 흥분하지도 않는다. 그들에게는 셀타 비고라는 그들만의 훌륭한 클럽이 있다. 이 클럽의 위상은 앞서 말한 두 클럽이나 레알 소시에다드 못지않다.

내가 이곳에 간 이유는 그해에 열린 바르셀로나올림픽의 여자농구 예선, 정확히 말하자면 프리올림픽이 그곳에서 열렸기 때문이다. 당시 나는 스포츠 기자로 일하고 있었다. 브라질의 슈퍼스타 오르텐시아가 눈부신 기량을 발휘해 최우수선수로 뽑힌 이 대회는 우리와 인연이 없었다. 동아시아에서는 중국만 본선에 진출했고 한국과 일본은 탈락했다. 내가 경기장에서 가까운 주택가 뒷골목을 걸을 때는 우리 여자대표팀이 연패를 거듭해 본선진출의 가능성이 희박했다. 내가 그곳에서 써서 보내는 기사의 중요도 역시 감소했다. 말하자면 나는 여자농구 올림픽예선의 진행에서 절반쯤 눈을 떼고 '다른 기사거리는 없을까' 한눈을 팔았던 것이다.

아무튼 나는 그날 한낮을 스쳐간 소나기가 길가의 가로수 잎을 적시고, 곳곳에 작은 웅덩이를 이룬 그 길을 지나다 벽돌과 시멘트로 지은 상가 건물 2층 창문에 걸린 태극기를 발견했다. 나는 지남철에 달라붙는 쇠 부스러기처럼 태극기와 '차려', '경례', '하나, 둘, 셋…' 같은 우리말에 이끌려 어두운 계단을 걸어올라 그곳에 갔다. 그곳에서는 흰 도복에 검은 띠를 두른 사범이 어린아이들에게 태권도를 가르치고 있었다. 아이들은 등에 영문자로 'TAEKWONDO'라고 쓰고 가슴에 정권모양의 문장을 단 도복을 입은 채 서울에서 태권도를 배우는 어린이들과 다름없이 지르기와 차기, 막기 같은 기본기를 익혔다.

나는 그 도장에 한국인 사범이 계실 것이라고 생각했다. 그러나 30대 후반에서 40대 초반으로 보이는 현지인 사범이 도장을 운영하고 있었다. 도장에는 태극기와 한국인 사범의 사진이 함께 걸려 있었다. 사진의 주인공은 여러 해 전에 세상을 떠났다고 했다. 말하자면 젊은 사범은 사진 속 인물의 제자였던 것이다. 젊은 사범은 한국어를 하지 않았고, 나는 스페인어를 배우지 않았기 때문에 긴 대화를 하지는 못했다. 나는 이때 따로 일정을 전해 세계 곳곳에 태권도를 가르치는 한국인 사범들을 취재하고 싶다는 생각을 했다. 물론 30대 초반의 젊은 기자에게 이 생각은 어디까지나 꿈이었다. 또한 '언젠가'라는 단서가 달린 막연하고도 묘연한 기대였을 뿐이다.

긴 시간이 흐른 다음, 그러니까 기자로서 꽤 많은 곳을 방문해 경험과 견문을 쌓고 한국체육대학교와 동국대학교에서 대학원 과정을 공부해 석사와 박사 학위를 잇달아('잇달아'라고 썼지만 석사 학위를 받은 다음 10년 뒤에 박사 학위를 받았다) 취득한 나는 불현듯 오래전의 꿈 또는 다짐을 다시 떠올렸다. 1992년에 섬광처럼 뇌리를 스쳐간 나의 생각은 시간의 미로를 더듬어 오는 동안 꽤 크고 복잡해져 있었다. 학자로서는 걸음마를 떼는 입장이었지만 기자로서 커리어가 종반을 향해 치닫던 나에게 옛 다짐은 취재와 보도에서 연구와 논문으로 목표를 바꾸고 있었다. 나는 여러 훌륭한 학자들(언론계에 종사하는 체육학 전공 박사, 대학 교수, 현장 지도자와 석·박사 연구자)에게 직접 또는 이메일이나 전화를 사용해 묻고 대답하면서 평범한 결론에 이르렀다. 내가 원하는 연구는 결코 혼자만의 힘으로 추진하거나 완수할 수 없으며 내가 참여할 수 있는 부분은 아주 작은 영역에 불과했다. 나는 2010~2012년 사이에 얻은 깨달음의 결과로 섣불리 태권도와 관련한 연구 계획을 입에 담지 않는 것은 물론이고 기피하기에 이르렀다. 여기에는 태권도학이라고 불러야 마땅한 우리의 격투기 종목 연구자와 전문가들에 대한 존중과 경외가 뒷받침되어 있음도 분명히 밝혀 둔다.

2018년 3월 22일, 나는 서울교육대학교에 근무하는, 존경하는 김방출 교수에게서 전화 한 통을 받았다. 김 교수는 오래 묵혀둔 미완의 원고가 하나 있는데 주제는 태권도의 역사와 관계가 있다고 했다. 그는 원고에 결손이 많고 논리의 정연함이 부족하니 여기에 나의 연구를 더해 책으로 완성하면 어떻겠느냐고 물었다. 책이 어떤 역할을 하느냐고 묻자 교과서 또는 교재라고 하였다. 나는 교과서라면 몰라도 교재라면 어떤 책이든 가능하리라고 믿었기에 한번 살펴보겠노라고 했다. 김 교수는 곧 이메일을 사용해서 문서 파일을 전송하였다. 원고는 생각보다 난삽하였다. 집필 시기가 다르거나 제3의 필자가 쓰지 않았나 싶을 정도로 생경한 꼭지도 눈에 자주 띄었다. 정리가 제대로 돼 있지 않은 가운데 페이지 곳곳은 물론이고 여러 행간에 다이너마이트 같은 논쟁의 가능성이 잠복하고 있었다. 선뜻 손이

가지 않는 재료였다. 더구나 나의 연구를 더해 완성한다고 하지만 끼어들어갈 곳이 없을 정도로 내 연구 분야와 거리가 멀다는 생각도 들었다.

그럼에도 불구하고 내가 발간 작업에 손을 더하기로 작정한 것은 아마도 위에 얘기한 오래전의 꿈과 계획, 달콤하면서도 어렴풋한 젊은 날의 다짐 같은 것에 끌렸기 때문일 것이다. 그뿐만 아니라 김방출 교수와 내가 여러 해 전에 시도했지만 아직 끝을 맺지 못하여 마치 변비인 듯, 숙변처럼 남아 있는 연구 과제 때문에 불편한 학문적 유대를 회복해야 한다는 의미도 있다. 인종, 우생, 차별과 같은 키워드가 채택된 그 연구는 내가 다니던 회사를 그만두고 논문 쓰기에 전력하던 시기(2012년)에 역시 김 교수의 제의로 손을 댄 것이다. 절반 이상 논문의 모양을 꾸렸으나 내가 연구와 집필을 맡은 부분의 부족함과 김 교수의 분주함이 겹쳐 끝맺음을 하지 못한 미완의 작업이 되었다. 현재로서는 사산(死産)하거나 각자가 기억 속에 품어둔 채 학자로서의 삶을 마감하지 않겠는가 짐작할 따름이다. 미완에 머무른 그 연구는 적어도 체육학을 비롯한 특정 학제 간에, 또는 체육학의 내적 역량 안에서 상당히 가능하리라고 믿었던 협업 내지 공동 연구의 희망(또는 환상)에 적잖은 상흔을 남겼다. 그러나 어떤 상처든, 그것이 내상이든 외상이든 간에 치유의 과정은 필요하다. 학문하는 자의 치유는 학문 이외의 처방으로는 불가능할지도 모르는 일이기에 기회를 받아들이기로 작정한 것은 정해진 수순이었을 뿐이다.

이 책을 만드는 데 내가 간여한 부분은 주로 중립화, 중성화 영역이다. 전술한 바와 같이 이 책의 바탕이 된 초기 논문들은 매우 격렬한 학문적 개인적 비난이 여과 없이 노출되어 출판물로 구체화하기 어려울 정도였다. 학문에 있어 상호 비판과 제안은 정당한 절차를 거쳐 이루어질 경우 매우 건설적인 결과물을 생산해낼 수 있다. 그러나 거기에 감정이 개재하거나 복수심이 작동하면 이러한 기대를 넘어서는 불행한 결과를 초래하기 십상이다. 나는 격렬한 논쟁이 비롯되는 전선을 찾아내 거친 언어를 적출하고 나의 능력이 허락하는 범위 안에서 중립적이고 학술적 언어로 조정하는 데 진력하였다. 이러한 노력은 필치의 박진감과 주장의 선명함을 후퇴시키는 부작용도 있겠지만 독자에게 종합적 시각으로 주제를 관찰하고 숙고할 기회를 제공하리라는 믿음에 기초하였다. 이 책을 발간하는 목적은 새로운 주장을 태권도, 나아가 스포츠-체육 연구계에 던지려는 데 있지 않다. 오로지 태권도에 대한 역사적 고찰을 원하는 젊은 학생과 학자들에게 동기를 부여하는 데 있다. 그러므로 우리의 저술 태도는 적당하고도 정당하다고 믿었다.

현학과 더불어 간단없이 나아가는 학문의 길은 오직 희열로 점철할 뿐이다. 이번 작업을 통하여 편협하기 짝이 없는 내 학문의 테두리를 벗어나 지적 모험을 감행할 안전한 기회를 제공받았다. 이러한 은혜를 베푼 김방출 교수께 감사드리지 않을 수 없다. 이 책을 완성하는 과정은 우리 태권도의 위대한 역사를 통독하는 지난한 학습인 동시에 반성의 시간이기도 하였다. 이 책이 세상을 만나 어떠한 평가를 받고 어떻게 기능할지는 헤아릴 길이 없다. 다만 깊은 감명 속에서 학자 된 도리를 다할 것을 글쓴이들에게 거듭 촉구하였음은 분명히 밝혀둔다.

2019년 3월
만학서실에서
허진석

허진석

서울에서 태어나 동국대학교 국어국문학과를 졸업하고 동국대학교 대학원에서 이학박사 학위를 취득했다. 주요 저서로『농구 코트의 젊은 영웅들』(1994),『타이프라이터의 죽음으로부터 불법적인 섹스까지』(1994),『농구 코트의 젊은 영웅들 2』(1996),『길거리 농구 핸드북』(1997),『X-레이 필름 속의 어둠』(2001),『스포츠 공화국의 탄생』(2010),『스포츠 보도의 이론과 실제』(2011),『그렇다, 우리는 호모 루덴스다』(2012),『미디어를 요리하라』(2012 · 공저),『아메리칸 바스켓볼』(2013),『우리 아버지 시대의 마이클 조던, 득점기계 신동파』(2014),『놀이인간』(2015),『휴먼 피치』(2016),『맘보 김인건』(2017),『기자의 독서』(2018),『옆구리에 대한 궁금증』(2018) 등이 있다.

김방출

서울대학교 체육교육과를 졸업하고 동대학원에서 석사, 미국 오하이오주립대학교에서 체육사 연구로 박사학위를 취득하였다. 현재 서울교육대학교 체육교육과 교수로 근무하며 체육교육사, 비교체육연구, 체육사특강, 체육국제비교특강, 체육실기지도(초등육상활동지도법), 초등육상연구 등 학부 및 대학원 강의를 맡고 있다. 저서로『초보에서 싱글로 가는 골프이야기』(2005),『육상경기의 맥(脈)』(2006, 공저), 역서로『스포츠와 체육의 역사·철학』(2013)이 있다. 주요경력은 한국체육사학회 부회장, 한국대학육상연맹 국제이사, 한국육상진흥회 이사, 한국초등체육학회 국제이사, 전 국제육상경기연맹(IAAF) School & Youth Commission member, 아시아육상경기연맹(AAA) 기술분과위원, 대한육상경기연맹 국제위원장 등이다.

한국 태권도연구사의 검토

초판 1쇄 인쇄 2019년 6월 20일
초판 1쇄 발행 2019년 6월 28일

지은이 허진석 · 김방출
펴낸이 최종숙
펴낸곳 글누림출판사

책임편집 문선희 | 편집 이태곤 권분옥 홍혜정 박윤정 백초혜
디자인 안혜진 최선주 | 홍보 박태훈 안현진

주소 서울시 서초구 동광로46길 6-6(반포4동 577-25) 문창빌딩 2층(우06589)
전화 02-3409-2055(대표), 2058(영업), 2060(편집)
팩스 02-3409-2059 | 전자우편 nurim3888@hanmail.net
홈페이지 www.geulnurim.co.kr
블로그 blog.naver.com/geulnurim
북트레블러 post.naver.com/geulnurim
등록번호 제303-2005-000038호(2005.10.5.)

정가는 뒤표지에 있습니다.
ISBN 978-89-6327-568-0 93690

* 이 도서의 국립중앙도서관 출판예정도서목록(CIP)은 서지정보유통지원시스템 홈페이지(http://seoji.nl.go.kr)와 국가자료공동목록시스템(http://www.nl.go.kr/kolisnet)에서 이용하실 수 있습니다. (CIP제어번호: CIP2019024906)